Rethinking
Reconstructing
Reproducing

*

———

"精神译丛"
在汉语的国土
展望世界
致力于
当代精神生活的
反思、重建与再生产

———

*

Spinoza et la politique

Étienne Balibar

精神译丛·徐晔 陈越 主编

[法]艾蒂安·巴利巴尔 著 赵文 译

斯宾诺莎与政治

西北大学出版社

艾蒂安·巴利巴尔

照片由作者本人提供

目 录

前言 / 1

一、斯宾诺莎的党派 / 7
自由党 / 10
宗教还是神学？ / 13
命定论与自由意志：宗教意识形态的冲突 / 18
教会、教派和党派：荷兰共和国的危机 / 28

二、《神学政治论》：一篇民主宣言 / 39
主权权利与思想自由 / 41
"最自然的"状态（l'etat）：民主 / 50
一种历史哲学？ / 58
神权政体的遗产 / 67

三、《政治论》：一门关于国家的科学 / 79
1672 年之后：新的难题性 / 83
《政治论》的计划 / 91
权利（Droit）与力量（Puissance） / 94
"政治体" / 100
国家的灵魂：决定 / 110

四、《伦理学》：一部政治人类学 / 115
社会性 / 117
何为服从？ / 134

"伦理学"与交往　/　144

文献书目　/　151
斯宾诺莎简要年表　/　159

附录　/　163
　　政治与交往　/　165
　　　　力量与自由　/　169
　　　　"欲望是人的本质自身"　/　174
　　　　共同体难题与知识问题　/　186
　　　　让我们回过头简要地对以上论证
　　　　所得出的五个要点做一总结　/　197
　《斯宾诺莎与政治》英译本前言　瓦伦·蒙塔格　/　201
　　主要概念索引　/　221

斯宾诺莎:政治中的哲学(代译后记)　/　229

前 言

Avant-propos

> 我并未认为我已经找到了最好的哲学,我只是知道我在思考真正的哲学。……因为真理既显示自身又显示错误。
>
> 斯宾诺莎,第76封信《致博许》

> 他之为人,不喜理智有任何限制,他也是虚伪的大敌。
>
> 倍尔,《历史批判词典》中"斯宾诺莎"条目

斯宾诺莎与政治:乍看上去这个简单的表述是多么悖论!若是政治涉及历史范畴,那么这里的这位哲学家的全部哲学都可以概括为对这样一种观念的阐明:认识就是认识上帝,而"上帝"即"自然"本身。若是政治涉及激情范畴,那么这里的这位哲学家所尝试的就是"以几何学的方式(……)如同考察线、面和体积一样"(《伦理学》第三部分序言)去认识(理解)人类的欲望与行动。而若是政治与当下事件密切相关,那么对这里的这位哲学家来说,理智和最高的善则存在于"在永恒的形式下"理解每个个别事物(《伦理学》第五部分)。他究竟向我们谈论哪种政治呢,是并非纯粹思辨的政治吗?

然而斯宾诺莎本人并不认为把理智与信仰、概念与实践熔铸

一炉是矛盾之举,而是恰恰相反。他就是以这样一些思想开始《政治论》的,他试图达到"在实践上最好的"那些结论,试图"以通常在数学研究中所表现的那种客观态度……从人的真正本性去确立和推论最符合实际的原则和制度","避免对人们的行为加以嘲笑、表示惋惜或给予诅咒,而只是力图取得真正的理解"(第一章)。[1] 他成熟期的第一部主要著作——《神学政治论》——是一部论辩之作、一篇哲学和政治宣言,不难发现,这部著作里随处可见讽刺与焦虑共存的调子——否则便难逃指责。实际上,更为细心的读者是能够承认这样的结论的:斯宾诺莎不可能将他的意图坚持到底,或者他所坚持的概念的第一性实际只是太人性的激情的伪装……

在这个经典的困难的激发之下,我希望通过这部小书做一试验:**通过政治难题来介绍斯宾诺莎的哲学,从而寻找二者的统一性**。这个介绍本身也是一种阅读过程和讨论,它将围绕上面提到的三部主要著作展开。

版本、译本和文献

斯宾诺莎著作有两个完整的原文(拉丁语或荷兰语)版本:范·弗洛顿(Van Vloten)与兰德(Land)所编《迄今所见别涅迪克特·斯宾诺莎全部著作》四卷本(*Benedicti de Spinoza Opéra quotquot reperta sunt*, La Haye, 1895, 4 vol. 再版为两卷),但其中未收入《希伯来简

---

[1] 参考斯宾诺莎:《政治论》,冯炳坤译,北京:商务印书馆,1999:6。根据此处引文略有调整。——译注

明语法》,这个本子中的一些印刷错误在卡尔·格布哈特(Carl Gebhardt)所编的考证版四卷本《斯宾诺莎著作集》(*Spinoza Opéra*, Heidelberg, 1924)那里得到了修正,当今的评注者基本依据此本。考证本出版以来,又陆续有新发现的信件被添入此经典文集。

目前可利用的现代法文版斯宾诺莎基本文集有两个版本:

——阿普恩(Appuhn)编四卷本《斯宾诺莎著作集》(*Œuvres de Spinoza*),1965 年由加尔尼埃-弗拉玛利翁出版社(Garnier-Flammarion)重新出版(第一卷收入《神、人及其幸福简论》《知性改进论》《笛卡尔哲学原理》《形而上学思想》,第二卷为《神学政治论》,第三卷为《伦理学》,第四卷为《政治论》与《书信》);

——七星文库版(伽利马尔出版社,1959),M. 弗朗塞(M. Francès)、R. 凯洛瓦(R. Caillois)和 R. 米斯拉伊(R. Misrahi)主持编辑的这个版本收入了一部斯宾诺莎传记。

在各单行本中,值得指出的有 A. 柯瓦雷(A. Koyré)所编辑的《知性改进论》(双语对照,Vrin,1951),和两个双语对照本的《政治论》——一个版本(Vrin,1968)的编者为西尔万·扎克(Sylvain Zac),另一版本(Editions Réplique,1979)的编者为皮埃尔-弗朗索瓦·莫劳(Pierre-François Moreau)。以前在"加尔尼埃经典"中出版的《伦理学》的拉丁文本及其阿普恩法译本也由弗兰出版社再版。[1]

就我来说,我引用《神学政治论》(*TTP*)时根据加尔尼埃-弗拉玛利翁出版社的阿普恩版标注页码,但是绝大多数的引文都由

---

[1] 贝尔纳尔·波特拉在 1988 年发表了《伦理学》的一个新法译本(色伊出版社),此译本附有格布哈特版的《伦理学》拉丁文本(此注为《斯宾诺莎与政治》第二版加入的注释)。

我重新翻译。《政治论》(TP)章节与段落划分各版本皆同：我所引用的底本是 P.-F. 莫劳的译本，但有时会根据西尔万·扎克译本对引文进行调整。我所引用的《伦理学》，全部由我翻译；在注释中，引文出处章节标为罗马数字而命题标为阿拉伯数字（如"IV,37"代表《伦理学》第四部分第 37 命题）；一则命题之后是证明，有些时候还附有一个或多个"附释"（也即作者说明）。

我在文中没有援引任何考证说明。但可参看文后的简要书目。进一步的参考指南可参阅：让·普莱波西埃（Jean Préposiet）的《斯宾诺莎主义文献》（*Bibliographie spinoziste*，Paris，Les Belles-Lettres，1973），新近著作：列奥·凡·德尔维尔福（Théo Van der Werf）、海因·西布兰德（Heine Siebrand）、柯恩·韦斯特韦恩（Cœn Westerveen）的《斯宾诺莎文献 1971—1983》（*A Spinoza Bibliography 1971—1983*，Leiden，E. J. Brill，1984）。

最后要说的是，艾米利亚·吉安柯蒂-博什里尼（Emilia Giancotti-Boscherini）所编两卷本《斯宾诺莎辞典》（*Lexicon Spinozanum* 2 vol.，La Haye，Martinus Nijhoff，1969）是一部有用的工具书，对斯宾诺莎所使用的理论语言的每一个重要词汇进行了说明，并对斯宾诺莎的各个著作（原文）的重要部分进行了逻辑上的分类。[1]

---

[1] 译者全部采用巴利巴尔自己所译的斯宾诺莎文本，正文中用括号标出巴利巴尔本人使用的文献页码，并相应地注出已有汉译本的页码。在斯宾诺莎已有汉译与巴利巴尔的法文译文有差异的地方，译者遵从巴利巴尔的译文译出。译者参考的斯宾诺莎主要汉译包括：《神学政治论》（温锡增译，北京：商务印书馆，1996），《政治论》（冯炳昆译，北京：商务印书馆，1999），《伦理学》（贺麟译，北京：商务印书馆，1997），《斯宾诺莎书信集》（洪汉鼎译，北京：商务印书馆，1993）。——译注

一、斯宾诺莎的党派

La parti de Spinoza

匿名发表并由一家不存在的出版商印刷（但不久便被认定出自"沃尔堡的一个犹太无神论者"之手），《神学政治论》引发了一场丑闻，一场持续的丑闻。[1]"这本书危险而可憎"，倍尔这样记录。在此后的一个世纪里，我们看到了斥责和反驳接踵而至。但同时，我们也看到圣经解释学和"自由不羁的"文学、政治法理学和对传统权威的批判都渗入了该书的观点。

我们不能说斯宾诺莎对这些反应是毫无准备的。在前言中——其姿态的极端紧张至今仍显而易见——他完全意识到他冒着双重风险，也就是说，他处在充满矛盾的情境中，他处在这样一种危险当中：他着手对他们的思想统治手段加以摧毁的对手们很好地理解了他，而他的大多数读者，甚至是他视为可能盟友的那些读者，反而对他理解得不够。何以冒此风险？他本人在最初的几页中向我们给出了详细的解释（《神学政治论》，19－28）。

"不过我先要说一说我何以会写这本书。"[2] 也就是说，原因在于宗教已经退化成了一种迷信，其基础乃是对自然力量和人类力量非理性的恐惧，乃是教会自私自利的教条主义。进而还有随之

---

[1] 我在下文不提供斯宾诺莎的传记（可参看文献）。但在我看来，从历史语境出发对他的三部主要著作形成的时期进行定位却是至关重要的。我建议读者可直接参考书后给出的年表。

[2] 斯宾诺莎：《神学政治论》，温锡增译，北京：商务印书馆，1996：12。——译注

产生的内战,公开的或隐蔽的(除非所有的异见者被专制主义彻底压制),以及那些当权者对大众激情的操纵。对此应该怎么办?**可以区别出两种知识**(这两种知识正如我们所见并不对立):严格得自圣经阅读并且"完全以服从为目的"的"启示知识",以及仅与自然打交道并为普通人类理解力所能获得的"自然知识"——我们可以暂时称之为科学或理性。"两种知识毫无共同之处,二者各有其领域,哪个也不能说是哪个的附庸。"这一区分的第一个结果是给予信仰事务方面的个人意见以自由——只要这些观点总是在朝向邻人之爱的范围之内;进而便是给予有关国家的个人观点以自由——只要它们在不妨害国家安全的范围之内。特别是对探究上帝、自然以及智慧与拯救的方式的哲学研究的总体解放。进而对社会生活的基本规则予以规定:公共法则应该是"**若只有行动才算罪状的根据,至于言论,则听其自由**"。斯宾诺莎后来将遵守这种基本法则的国家称为民主国家。阿姆斯特丹的"自由共和国"是近似于这种国家的一种形式(考虑到当时的条件,它是最好的可能形式吗?还未可知)。"绝对主义"君主主义者和神学家们威胁着共和国,并以同样的方式和同样的原因威胁着真正的宗教和哲学。民主、真正的宗教(即圣经所言"慈善与公义")和哲学这样一来便出于一个共同利益团结在一起。**此利益即自由**。

自由党

在这些情况下,他所担心的那些误解为什么还会不断地(在某种程度上是事先地)威胁《神学政治论》中的那些论点呢?这个情况存在着几个原因,它们从根本上支撑着我们面对的这个文本。

首先,"自由"是一个再模糊不过的概念。几乎无一例外的是,哲学、政治(即便它们实际上是统治的形式)无非是作为解放的事业而出现的。正是因此,哲学与政治信条几乎很难满足于自由与限制或自由与必然性之间的简单对立。它们似乎更倾向于面对这一对立去建立(或重建)有关自由的"恰当"定义。我们将会看到,斯宾诺莎为这种情况树立了一种典范性的方式。

但即便如此,也不仅仅是因为自由的概念从来就充满独立于任何时代的模糊和矛盾。《神学政治论》文本无处不体现着它的写作时代的历史形势,这部书不能被解读为按照单一计划写成的"纯理论"著作。我们看到斯宾诺莎介入了火药味十足的现实中的一场神学争论。我们看到他提出的方案意在将君主主义党派同加尔文主义牧师的"机要主义"方案之间任何可能的串通消灭在萌芽状态。这些目标也是这样一些社会群体的目标——斯宾诺莎在世的时候根据自身意愿与这些社会群体保持着最密切的联系,最重要的是,其成员都是荷兰共和国的统治精英。实际上,这些精英已经开始**称自身为"自由党"**:他们通过民族解放斗争成长起来,取得了反对君主主义国家观——这种观念类似于当时在"绝对主义"欧洲占据主流的那种设计——进而争取市民自由的胜利,他们捍卫个人思想、科学研究与学术以及——在某种程度上——思想自由交流的独立。这可是一个令人吃惊的声明!我们将会看到,斯宾诺莎虽然信奉"自由的共和国",但却没有按其表面的价值去理解它。有一种解决办法被当作自明的方案提出,该方案认为自由乃是某特殊群体的政治,而该特殊群体的利益又是"普遍的"——斯宾诺莎在其中发现了难题,从这一难题出发,他开始从与他最亲密的朋友们截然对立的角度定义自由。也就是说,斯宾诺莎隐含地批评了支撑着他们自以为为了正义的事业而奋斗的那种幻觉。《神学政治论》——我们将看到,很难期待这是本"革命"之书——必然在某些人看来具有颠覆性,而在另一些人看来,该著作有用是有用,但毕竟更令人懊恼,这令人吃惊吗?

然而误解也源自更深层面。如果说《神学政治论》针对的是一种政治目标,那么正是通过**哲学媒介**,它才将它的论点结构了起来。贯穿全书的两个中心问题是确定性问题(进而还有"真理"与"权威"之间的关系问题)和自由与个人的权利或"力量"之间的关系问题。哲学与政治分别在**两个截然不同的领域里**处理这两个问题吗?哲学是政治"实践"所遵行的一种"理论"吗?斯宾诺莎又是从何处获得关于自由的哲学理念,从而能驱散有关自由的执迷不悟者的幻象呢?在本书的结尾,我希望能澄清这里无法展开说明的情况:哲学与政治**相互暗含对方**。斯宾诺莎以特别的方式提出了哲学难题,借此未兜圈子地切入政治,他并不想把政治挪入"元政治"的另一个位置,他只是想提供一种确切的,或如他自己所说,"充恰的"认识方式(参看《伦理学》第二部分定义 4 以及《书信》第 60 封),去把握权力关系问题和特殊利益问题——而政治正是**这两个问题所引发的**。也是由于通过着眼于政治问题来组织哲学研究的这一方式,他并没有丝毫偏离对哲学本质的探究。相反,他所遵循的是一条可以探知哲学真正利益所在并确定真正哲学难题的路(唯一的一条路吗?我们暂时还不能回答这个问题)。从这个观点来看,"思辨"哲学与政治当中的"应用"哲学之间的两难困境不仅是毫无意义的,而且是智慧之途上**最大的障碍**。但二者的一致性绝非那么简单,也绝不是那么容易理解。斯宾诺莎本人直到他的思想实验——哲学被责令对它自己所据有的那些基本确定性(它的"幻觉"?)进行调整的理智工作——行将结束之时才开始了解这种一致性的性质。**《神学政治论》就是这个思想实验**。实际上这也就是说,哲学观念并不是固定的,而是随着文本的展开运动着。某个转折点在它作者的思想中起了作用。必然但部分地也是不可预见的转折点。更让人难以理解的是,这个转折点涉及的不是两个词,而是三个(哲学、政治、神学)或四个(哲学、政治、神学、宗教)。要想看得更真切,必须对它们呈现自身的方式进行重构。

宗教还是神学?

这个转折点使《神学政治论》的写作在斯宾诺莎的思想中成形,我们在他的通信,特别是与奥尔登堡的通信中看得非常清楚。我们可以看到,他的"体系"通过口头或书面方式为人所知之后,斯宾诺莎面对的最迫切的**要求**之一就是给出"体系"的原理:"再回到我们自己的事情上来吧,首先我请问一下,您的那部关于研讨事物的起源,它们对第一原因的依赖以及我们知性的改进的重要论著是否完成了?的确,最亲爱的阁下,我相信,再没有其他作品的出版会像这部著作那样受到真才实学和渊博智慧的人们的欢迎和满意了。"(《书信》第 10 封,奥尔登堡致斯宾诺莎,1663:47)。斯宾诺莎尽管继续从事《伦理学》的写作工作并与他的朋友们就物理学和形而上学中的问题保持通信,但还是暂时避开了这一要求,直到 1665 年年末,才在一封给奥尔登堡的信中谈及他的哲学思想发展之后补充说道:

> 我现正撰写一本解释圣经的论著。我这样做有下

列几个理由:1. 神学家的偏见;因为我认为这些偏见是阻碍人们思想通往哲学的主要障碍,因此我全力揭露他们,在比较谨慎的人们的思想中肃清他们的影响。2. 普通群众对于我的意见,他们不断地错误地谴责我在搞无神论。只要有可能的话,我也不得不反驳这种责难。3. 哲学思考的自由,以及我们想什么就说什么的自由。我要全力为这种自由辩护,因为在我们这里由于传教士的淫威和无耻,这种自由常常是被禁止的。(《书信》第30封,斯宾诺莎致奥尔登堡,1665:138)

请注意这里所涉及的政治(加尔文牧师的布道词中针对共和国领导人的朋友之一提出的无神论罪名,正是这些牧师想将他们所理解的宗教正统强加于人)。但是根据《神学政治论》全书所宣称的目标来看,这里的主要观点是**哲学领域与神学领域的彻底分离**。我们先停下来仔细考察一下这个要点:这种"分离"究竟意味着什么?

这一提法绝非斯宾诺莎首倡。比如,笛卡尔就在《第一哲学沉思集》(1641年由斯宾诺莎的一位朋友译为荷兰语)当中也曾断言理性与信仰两种"确定性"的分离,形而上学的证明只服务于前者,而教会权威的传统基础即启示问题则完全在此范围之外。[1]

---

[1] "需要指出的是:我在这个地方决不论述罪恶,也就是说在追求善与恶中所犯的错误,而仅仅论述在判断和分辨真与假时所产生的错误;我不打算在这里谈属于信仰的东西,或生活中的行为的东西,而只谈有关思辨的真理和只有借助于自然的光明才能认识的真理。"参见笛卡尔:《第一哲学沉思集》(中译参考庞景仁译本,北京:商务印书馆,1986:13)。

所有迹象都表明,以自然为对象发现新数学和实验科学的这部"第一哲学"专论不仅是奥尔登堡等人期待斯宾诺莎写出的东西,而且也在前述观念上成了斯宾诺莎的先驱。与神学的这次遭遇因而是**第二次**发生,并且多少是一次外部遭遇:因为这时的神学在以过时教条的名义强行对"自然哲学"进行审查。神学,就其思想影响和官方势力而言,会妨害真正形而上学获得其应有的承认。对遵循真理去思考和研究的人来说,必须要摆脱这种干扰,必须"纯洁其心智",也就是说,必须保持真理自身原则的纯洁状态。

但是这个障碍若是"抵抗"真理的明证并拒绝自行为对手腾出场地,难道不必直接对它本身发起攻击吗?也就是说,难道不必对神学话语做**两方面**的批判,**既**从其作为社会权力等级的意识形态方面,**又**从其作为知识对象的一种一般关系形式、作为在其内部使这些对象形成关联的某种"确定性"的方面进行批判吗?对这位哲学家来说,又多了一个更为棘手的问题,即哲学与神学的界限究竟在哪?如果知识发展完全独立地作为理论原则的运用而实现,被作为"第一因"和自然的普遍法则的原因——或"永恒真理"——所决定,那么如何避免认可知识的基础既存在于形而上学又——或隐或显地——存在于神学之中呢?若轻易地否定传统的神学障碍,科学家—神学家就可能陷入**另一种神学**,更微妙的神学……这难道不是笛卡尔所碰到的、稍后牛顿可能碰到的情况吗?这样一来,《神学政治论》向其读者提出的悖论就不太让我们吃惊了,这个悖论就是:哲学一旦摆脱了一切神学的先决条件,其对象便是圣经传统的真实性和对信仰真正内容的追问!推到极端来看,哲学理性主义的这个过程产生的结果似乎与它本身原来的提法南辕北辙:它的目标成了对"神学"这个词名下的混乱加以清理,进而成了**从神学中解放出信仰本身**,而将神学贬斥为与"真正宗教"格格不入的哲学"思辨"。

不但如此,虽然使徒们所传布的宗教因为是叙述基督的一生,不在理智的范围以内,可是其本质是道德,正像全部基督教义(实际上即马太福音第五章所记录的耶稣登山训诫),可以很容易为所有的人的天赋能力所了解。(《神学政治论》第十一章正文及注释27)[1]

《圣经》的教义里没有高深的思辨,也没有含有哲理的推理,其中所包含的只是些简单的事物,是智力最迟钝的人所能了解的。所以我十分惊讶,我提到过有些人……他们在《圣经》中看出一些奥义来,这种奥义过于高深,他们不能用人类的语言来解释。这些人把很多哲学上的思辨输入到宗教里,把教会弄得好像是个学院,宗教像一门科学,说得更确切一些,好像一场争辩……《圣经》的目的不在告人以科学的知识,因此《圣经》只要人顺从,《圣经》责难固执,而不怪罪无知。不但如此,既是顺从上帝完全在于爱人……《圣经》所唯一推崇的知识是一种能使所有的人像已说过的那样顺从上帝的知识……与此点无直接关系或有关自然事物的知

---

[1] 中译参考斯宾诺莎:《神学政治论》,温锡增译,北京:商务印书馆,1996:175。根据此处引文,译文有调整。——译注

识的别的思辨问题和《圣经》不相干,应该完全与宗教分离。(《神学政治论》,230–231)[1]

处境极其尴尬。斯宾诺莎攻击神学不再是因为它反哲学,而是因为它反宗教!从反对神学保卫思想自由出发,结果他写出的却是一篇为**真正宗教**(被理解为启示宗教)辩护的护教文,同时也是一篇声讨哲学家的批判之作!这样看来,威胁着探索真理的人们与践行服从的人们的**唯一敌人**似乎就是某种占统治地位的"形而上学—神学"话语。斯宾诺莎所冒的风险因而不仅是与神学家为敌,而且是与哲学家为敌:反对前者,因为他们靠着对宗教对象进行理性思辨过活所以把宗教对象变成了理论对象;反对后者,因为他们总是将哲学曲解为一种反宗教话语。

但是斯宾诺莎本人必须面对几个棘手的问题。信仰与堕落为"迷信"的思辨之间的区别究竟何在?斯宾诺莎承认,如果要理解服从、爱与拯救如何统一在一起必须依赖某些理论或哲学"真理",而这些"真理"也是难题。这同一个对子——**启示**宗教/**真正**宗教——的用法是一个线索。另一方面,怎样解释神学的形成呢?能够认为宗教有一种自我堕落的倾向吗?我们能够认为多数人("平民")有一种对理论思辨的"需要",而这种"需要"又使得神学家应运而生吗?神学家就是通过智谋来操纵多数人的人吗?或者更确切地说,我们能否将迷信视为"平民"信仰与"有学识者"的宗教之间**相互依赖**、相互牵制的一种方式呢?

---

[1] 中译参考斯宾诺莎:《神学政治论》,温锡增译,北京:商务印书馆,1996:187–188。——译注

命定论与自由意志：宗教意识形态的冲突

斯宾诺莎对神学——也就是说，对作为混淆了宗教与思辨的神学形式——的探讨在两个层面上进行：教义层面和历史层面。他为了把握现在的情况而追溯到了"起源"。他并不满足于外在的描述，而是切入了话语的逻辑，进而提出了将在《伦理学》（尤其是《伦理学》第一部分附录）中成为有关想象的一般理论的材料。

存在一种摩西神学：其基础是叙述造物与神迹的宇宙论、服从的伦理学和"选民"的来世论，它的职能在于论证犹太律法中的十诫，向其民族当时的群众解释这些戒律（《神学政治论》，58 - 61，92，124 等处）。这并不是说摩西为了支配他的子民而构造了一种虚假的（artificielle）意识形态，相反，他本人是相信他的神学中的启示真理的，也正是在他的这一神学中，他才获得了不容置疑的"征象"，它们使他扮演了国家与宗教创始人的角色。同样还有一种——确切地说是几种——**先知神学**，它们在一些关键点上相互矛盾（《神学政治论》，62 - 63，143）：尤其是关于拯救的问题（拯救只取决于神的选择，还是也取决于行为善恶？以何种方式取决于行为善恶？有法可循还是没有？）这些差异说明了神学的本质特征：**神学将冲突引入宗教**。这类差异在原始基督教中甚至更为严重（如保罗、詹姆士和雅各的教义之间的差异）（《神学政治论》，93，212）。最终，这些差异制度化为当代教会的分歧。

我们知道，**恩典问题**从来都是神学争论中的一大焦点。如果说人是罪人——身负原罪，由于总是"欲望被禁止之物"所以总是倾向于恶的原罪——那么除非神的宽恕则不可能得救。神的宽恕以基督——人的救赎者和恩典的肉身化——为中介在历史中出现。但什么是"生活在基督之中"呢？拯救之"路"是什么呢？恩典的"灵验"如何发挥作用呢？继这些非常古老的问题（它们又都涉及人与永恒上帝之间的身位关系的表现问题）之后，宗教改革又进一步加深了对信仰、禁欲及自我检讨、善好的基督生活中内心规诫与牧人指导的作用等问题进行讨论的迫切性。绝不向人类堕落本性的固有力量做丝毫让步的**加尔文**之所以提出只能通过恩典而得救的神学，就是要返回保罗和奥古斯丁的正统。他否定了出自人类自大而得出的通过"事功"（œuvres）而得救的思想——无论这事功是服从戒律（它将担保某种神恩），还是把人的自由意志"结合"到他的原罪解脱之中。在他看来，这种想法是受造物在造物主面前的"夸耀"，而这正是罪的本质。加尔文使争论彻底分成了两个阵营，将自由意志论教义与**命定论**教义彻底对立，后者似乎意味着得救从来都只决于上帝的决定，所以人事先就被划分为经过"拣选的"和"被判有罪的"。不是人们的行为影响上帝的恩典，而是恩典以神奇的方式将只爱上帝的力量给予人们或从它们那里撤回。17世纪这场争论还没有分化为罗马教会和新教教会，但实际上已经分成了两个阵营。在法国，争论使耶稣会士反对詹森主义者，后者不承认唯一恩典的有效性，希望以他们自己的武器打击加尔文主义。在荷兰，我们可以看到争论让两个阵营对立起来：一方是支持命定论的正统牧师，另一派是支持自由意志观点的"阿明尼乌派"（因神学家阿明尼乌［荷兰语拼法为 Harmensen，拉丁语拼法为 Arminius］得名）。

在《神学政治论》中,斯宾诺莎**以自己的方式加入了这场争论吗**?无疑是的。但他的主张不可能让任何一方满意。根据斯宾诺莎的说法,圣经的永恒教义,撇开其环境的差异来说,是没有含混之处的。

> 信仰单就本身而论不是有益的,其为有益是就其所含的顺从而言,正如雅各在他的《使徒书》第二章第17节中所说:"信仰离开善行是死的"……凡真正顺从的人一定有纯正的使人得救的信仰……可见我们只能就一个人的事功来判断他是信神的或是不信神的。(《神学政治论》第十四章,241–242)[1]

真正宗教的基本教义实际上就在于对上帝之爱和对邻人之爱完全是一回事。这看上去倾向于自由意志神学,或者说至少在命定论看来是如此。但是对邻人施以善行所带来的好的回报并不是在善恶之间选择("决定")的结果,而是服从的结果。此外,斯宾诺莎也没有给忏悔或原罪之"拯救"之类的观念留出任何地盘。实际上,原罪在他那里是完全被取消了的;原罪无非只是人自身行动对他自己来说是恶行之时伴随产生的一种想象性表述("苦恼意识[conscience malheureuse]":《伦理学》将给出有关这种宗教苦恼的理论)。斯宾诺莎似乎彻底打消了纠缠着自由意志论鼓吹者的命定论,进而将他们的论点推向极点,以至于作为基

---

[1] 中译参考斯宾诺莎:《神学政治论》,温锡增译,北京:商务印书馆,1996:196。——译注

督徒的他们也无法接受:事功的宗教价值问题被化约成当下行动的内在属性问题。

对这种曲解深感不安的读者将对斯宾诺莎所提方案的另一方面更感不安。当他开始讨论以色列人的"拣选"(在基督徒看来,这是个人通过上帝恩典获得拣选的原型)之时,他说:"人的所作所为全是**由于自然的预定的理法,那就是说由于上帝的永久的天命**,所以,人都不能为自己选择一个生活的规划或完成任何工作,只能由上帝天召,才能够为他选择这项独特的工作或生活的规划,而不选择别的。"(《神学政治论》,71)[1] 在这个场合斯宾诺莎是在支持预订论的论点吗? 实际上,他喜好援引保罗的如下提法(《致罗马人书》第九章第 21 节):人在上帝权柄(pouvoir)之下"如泥土在匠人手中,既可被做成高贵的器皿,又可被做成卑贱的器皿"(参看《形而上学思想》卷 II,8;《政治论》第二章第 22 节[2])。从这

---

[1] 中译参考斯宾诺莎:《神学政治论》,温锡增译,北京:商务印书馆,1996:52-53。——译注

[2] 《形而上学思想》中的引用见第二篇第八章:"再往下不远:'如此看来,神要怜悯谁,就怜悯谁,要叫谁刚硬,就叫谁刚硬。这样,你必对我说:他为什么还要指责人呢? 有谁抗拒他的旨意呢? 你这个人哪,你是谁,竟敢向神犟嘴呢? 受造之物岂能对造他的说:你为什么这样造我呢? 窑匠难道没有权柄从一团泥里拿一块做成贵重的器皿,又拿一块做成卑贱的器皿么?'"见《笛卡尔哲学原理》附《形而上学思想》,王荫庭、洪汉鼎译,北京:商务印书馆,1980:168;《政治论》中的引用见第二章第 22 节:"但是,我们这时不应忘记,我们是在上帝的掌握之中,就好像泥土在陶人的手中一样。陶人用一块泥土制成一些器皿,有的有体面地使用,有的有不体面地使用。"见《政治论》,冯炳昆译,北京:商务印书馆,1999:21-22。——译注

一观点来看,自由意志是一种虚构。但是独特之处也显而易见:斯宾诺莎并没有将"上帝的永恒决定"放在人类本性的对立面而**等同于恩典**;而是通过真正的决定性的手段,将之等同于总体和必然性意义上的**自然本身**。在《神学政治论》第六章("论奇迹"),这一论点得到了充分的展示:如果可以说上帝预订一切,那么这是因为上帝在这里被理解为"普遍的自然法则"[1](《神学政治论》,122)。"如果在自然中有不遵循自然律的什么事情发生,也就违反上帝在自然中借普遍的自然律所已建立的永恒的条理。所以也就违反上帝的性质与规律,所以,相信有这种事就要使人怀疑一切,**趋于无神论一途**。"(《神学政治论》,123)[2] 有关神的力量的任何观念都是荒谬的:这种观念想象上帝自我矛盾,竟为了人的利益而违反自己的"法则",因而加尔文主义的目的论无论再如何标榜自己是严格的"上帝中心论"也是与人道主义相妥协的产物……

实际上,"自由"神学家和命定论神学家都把得救视为一种奇迹:前者将得救看作必将战胜自然必然性(或肉身)的人类意志的奇迹,而后者则将得救视为必然"压倒"堕落的人类自由的上帝恩典的奇迹。针锋相对的两类神学家共享着同一种虚构,此即存在着与自然世界相对立的**一个道德或精神世界**的虚构。一旦这一虚构消失,人类自由与世界秩序之间的关系问题就不再作为一个未解之谜而出现,而是呈现为一个实践难题,此难题

---

[1] 中译参考斯宾诺莎:《神学政治论》,温锡增译,北京:商务印书馆,1996:92。译文有调整。——译注
[2] 前引书,95。译文有调整。——译注

即便不是那么轻易解决也可为理智所理解。但是,他使这些神学家的论点与他们自己背道而驰,让这些论点与他们自身的原来意图南辕北辙,并借此说明了这一点。这样一来斯宾诺莎才能为"得救"给出把世俗幸福(安全、兴旺)、道德的德性和永恒的真理的认识包容在内的一个"定义"(《神学政治论》,71 -72,89 -90)。[1]

他为什么采取了这样一种如此有害而危险的"辩证法"呢?他为什么不直截了当地说得救就是对既慈善又公义的生活法则之服从的结果呢——这一结果无差别地既许给了可以思考自然必然性的"智者",也许给了"最好能为他们考虑好一切"(《神学

---

[1]《神学政治论》中译本第 54 页:"凡是由眼光远大,小心谨慎的人建立和指导的社会是最安全,稳固,最不易遭受灾难的社会。反过来说,一个社会,其成员没有熟练的技巧,这样的社会大部分是靠运气,是比较欠稳定的。假如这样的社会居然延续了很久,这不是由于其自身的力量,而是由于某种别的支配的力量。若是这个社会克服了巨大灾难,事业繁盛,必惊叹与崇拜上帝指导的灵,因为这一社会所发生的事都是突然而来,出乎预料的,甚至可以说是奇迹。"第 67 -68 页:"我们的最高的善与圆满也完全有赖于对于上帝有所了解。还有一层,既是没有上帝万物就不能存在,也不可想象,显而易见,所有的自然现象,就其精妙与完善的程度来说,实包含并表明上帝这个概念。所以,我们对于自然现象知道得愈多,则我们对于上帝也就有更多的了解。反过来说,因为由因以求果和对于因的一种特别性质有所了解是一件事,我们对于自然现象知道得越多,则我们对于上帝的本质,也就是万物的原因,就有更多的了解。所以我们最高的善不但有赖于对于上帝有所知,也完全在于对于上帝有所知。所以人之完善与否是和他的某种所欲的性质与完满成正比的。因此之故,最重视最乐于用理智以求对于最完善的上帝有所知的人,就是最完善与享受最高幸福的人。"——译注

政治论》,86)的"无知者"(人与人智力上的不平等并不造成实践上的差异)？原因恰恰就是——无论我们乐意与否——"生活法则"的观念从来都是**对法的构想**。用"自然的普遍法则"来翻译"上帝的永恒意旨",我们仅仅走了一步。但我们要能真正搞清楚这个隐喻的含义(这就是《神学政治论》第四章的主题),否则将永远不可能跳出神学的圈子。真正宗教与迷信/思辨之间差异的问题又碰上了这个难题。

自然的规律"不是适应宗教的。宗教唯一的目的是为人类的利益,而自然的规律是适合自然的秩序的,那就是说,适合上帝的为我们所不知的永恒的命令。有些人似乎把这条真理用一种略为晦暗的形式说出个大概来,那些人主张人能违背上帝的启示而犯罪,但是不能违背永恒的命令。上帝借永恒的命令已经规定了万物"(《神学政治论》,272-273)。[1] 加尔文主义神学家"隐约地察觉到"的正是**人类的力量与其所依赖的作为整体的自然之间**的不相称。但是他们全体——为了补偿这种不相称所引发的焦虑,正如所有人都会做的那样——却向它投射了一个根本的幻觉:他们"认为上帝是个统治者、立法者、一个王,仁慈公正,等等。而这些性质只是人性的属性"(《神学政治论》,92)。[2] 他们"认为有两种不同的力量,上帝的力量与自然的力量","上帝的力量好像是

---

[1] 斯宾诺莎:《神学政治论》,温锡增译,北京:商务印书馆,1996:224,译文有调整。——译注

[2] 前引书,72。——译注

一个君主的权力(imperium)¹,而自然的力量是盲目的力量"(《神学政治论》,117)²。自然的历史在他们那里呈现为一场宇宙戏剧,关键的剧情是善对恶的胜利,人类行动则是道具。他们中的某些人迫切地想将上帝视为一位通融的法官,人们在他那里可以通过爱的证明而获得原谅,即便——在这些情况下——他们行动的"自由"从来都取决于总是置人类于考验之中的这位主人的意志……而另一些人则不那么乐观,他们将上帝视作一位毫不通融的法官,独断而一劳永逸地决定谁是信仰他的,谁又是背叛他的,从而取消了人们的一切真正的自由,只有他才保留着全部的这种自由。

但是无论是哪种情况,无论我们倾向于将上帝的权力和他的法则表述为"契约"的形象还是表述为"绝对主义"的形象,我们表述的这种形象都不过是一种**拟人化的**转换,将来自人与人

---

[1] 此处应该立即说明一下 imperium 这个被用得模糊的拉丁词:根据后面的语境,我不得不将该词译为权力、命令、统治、国家、国家权力;但是所有这些概念每次都以隐含方式出场(命令表现权力,权力源自国家或通过国家而得以塑型)。相反,我们普遍习惯视作政治思想之中心概念的"国家"一词在斯宾诺莎那里则有着几个拉丁词相对应,这些拉丁词总括了一个传统,它们是:imperium(统治), civitas(邦国), republica(国家),以及 summa potestas——"主权"。它们的用法从一部著作到另一部著作发生着演变,没有一处部分的相同能取消完全的差异:这种复杂性将在本书第四章得到说明。凡是在有必要的时候,我都会在括号中说明斯宾诺莎是在模糊的意义上使用该词的。

[2] 斯宾诺莎:《神学政治论》,温锡增译,北京:商务印书馆,1996:89。译文根据巴利巴尔引文有调整。——译注

之间关系的经验赋予给上帝的行为模式,当然,被转换的这种行为模式也是理想化了的,剔除了所有人类局限或"限制"的模式。将**上帝的意志**设想为自由意志,设想为做或不做、给予或拒绝、建造或拆毁的权力,同时这种自由意志又"无限地超越"人类的力量,在这么做的过程中,神学家和哲学家们便创造出了一幅有关"上帝心理学"的幻觉图像,这幅图像将在斯宾诺莎那里充当**想象**的原型,而想象作为人类相对无力(impuissance)的结果,乃是对自然关系的一种不充分的认识。这种虚构所依赖的基础无非是这样一种共有的基础,即人若无得救(幸福、安全、知识)的欲望便不可能活下去,但若直接认识实在的因果——事物永远变动不居的转化过程,没有丝毫"目的"的"偶然"——也同样不可能活下去。然而,神学家们把作为上帝拟人化颠倒形象的人类的无力(impuissance)投射在作为整体的自然之上,进而为原初的晦暗又增添了晦暗,并且又创造出一个难于将无知驱逐出去的"无知的庇护所"。他们使得上帝这个观念完全不可被理解,并将这种晦暗奉为表达着上帝本质的教条。

这个悖论绝非是没有理由的。首先,它为神学家们带来的好处绝不是次要的:它使他们承担了上帝与人之间必不可少的中介角色。只有他们才能解释神的意志。这一好处自然成为了目的本身:他们为自己要求权力,即便只是向所有人**传授**若要服从上帝便该思考什么和做什么的权力(这实际上是极高的权力)。他们本人就沉浸在促发了他们的那种抱负的幻觉之中,而这又为他们的专横增添了一个幻想的维度:最专横的主人难道不是这样的人吗——他确信自己接受了对他所统治的人们施予拯救的神圣使命,同时他也确信自己是另一个(大写)主人的谦卑仆人,拒绝他的意志根本就是不可想象的事？其次，神学表述中的拟人化元素并不仅仅是虚构。这本质上是一种想象的**君主制**，一种理想化了的君主制。基督教(至少是一旦被建立为教会的基督教)宣称，通过基督的身位，"天主成人"(Dieu s'est fait Homme)，其目的就是要最终支撑起上帝－法官的君主形象("上帝之国"，基督由其天父加冕坐在君主之位上)。基督教君主们毫不犹豫地采用了这种意识形态表述来担保他们世俗权力的神圣起源。每一种关于权力的神圣化想象都是对人类无力(impuissance)的一种表达——他们没能把他们的集体得救思考为他们自己本身的工作(《神学政治论》,281)。[1]

但难道不能说有着这类历史形式的这种"神学需要"，与其说是人性一般弱点的结果，不如说是特定社会生活方式的结果吗？难道不能说这种"神学需要"源自人类对他们相互关系进行有充分意识的组织的能力匮乏吗？这样一来，我们所开始的涉及宗教、神学与哲学间关系的讨论便把我们引向了一个领域——实际上**就是**政治领域。

---

[1]《神学政治论》中译本第211页："有启示告诉我们由于上帝的恩惠，顺从是得救的道路，上帝的恩惠是理智所达不到的，因此之故，《圣经》给人类带来很大的安慰。所有的人都能顺从，与人类的总数比起来，却只有极少人数能单借理智的指导获得道德的习惯。这样说来，如果没有圣书为证，我们对几乎所有的人都能够得救，就要加以怀疑了。"译文根据巴利巴尔引文有调整。——译注

教会、教派和党派:荷兰共和国的危机

《神学政治论》的写作历时几年时间:这是古典欧洲经历危机(地方性暴乱、革命、战争、流行病……)并且特别也是联合省经历危机的年头。荷兰这个国家身处形成中的"欧洲平衡"体系的核心,它甚至还试图"获得领导地位"(历史学家回顾这段历史将这些年称为荷兰的"黄金时代")。

自1565年的"乞丐革命"[1]以来,荷兰实际上从未走出战争状态。以市场和殖民地的双重垄断为基础的重商主义扩张的出现引发了持久的战争。尽管联合省有着海军力量,但还是数次被入侵和占领。这种情况每次发生,都会提出创造一个真正民族国家的问题,尽管每个省在独立战争中已经获得了相当程度的自治权。在外交和内政方面,形成了两种针锋相对的政治,统治精英也随即分化为两个对立的阵营。

作为该国旧"伯爵"后裔的奥伦治-拿骚王室一直以来既掌握着军事大权又专行"总督"的职能。而资产阶级"执政者"群体则掌握着城市行政和公共财政的管理,在省一级,这些任务被委

---

[1] 在1566年到1609年的荷兰独立战争中,尼德兰资产阶级反对西班牙殖民统治,反对封建制度的斗争以资产阶级的胜利而结束,建立了第一个资产阶级共和国。巴利巴尔这里提到的"乞丐革命"实际上具体时间应在1566年8月。以制帽工人马特为首的激进群众掀起了自发的"破坏圣像运动",随即安特卫普、瓦朗西爆发了革命起义,大批手工工场工人、农民和革命的资产阶级分子组织起名为"森林乞丐"和"海上乞丐"的游击队,神出鬼没地袭击西班牙军队,故称"乞丐革命"。——译注

托给被称为"受雇者"（pensionnaires）的官员，而"他们的最高实权，他们的联合省国家"的财政权则被委托给"总理"（Grand Pensionnaire）。三种主要危机给整个17世纪的荷兰内部斗争打上了烙印。1619年，总理奥登巴内维尔特（Olden-barnevelt）被控犯有叛国和阴谋勾结阿明尼乌派牧师的罪名，并在拿骚的莫里斯亲王总督授意下判处死刑。奥伦治家族从而有望获得对整个国家的领导权。但与此同时，资产阶级（东西印度公司和阿姆斯特丹银行的资产阶级）的力量迅速增长。在1650年到1654年期间，也就是在各省刚刚获得决定性的独立之后，又出现了一个新的危机打破了权力的平衡：奥伦治家族首次试图将国家引向君主政体而未果；执政者党派领袖詹·德·维特（Jan de Witt）被推为荷兰总理，上任后宣布首先永远取消奥伦治家族的军事控制权，其次废黜总督的职位。但是从17世纪60年代开始，奥伦治党——该党在年轻的威廉三世，未来的英格兰国王的领导之下——抵抗执政者权力之势与日俱增。这个势头于1672年在因法国入侵引发的民众反抗[1]中达到顶点：詹·德·维特和他的哥哥被民众杀死，总

---

[1] 1672年年初，法国正式对荷兰宣战。同年6月，志在必得的路易十四御驾亲征，率领12万法军入侵荷兰。在法兰西骑兵攻击下，事先没有备战的荷兰陆军不堪一击，节节溃败，东部格尔德兰、奥弗赖塞尔和乌得勒支等省相继沦陷。战争使成千上万底层的荷兰人流离失所，舆论因此对商人所把持的议会政府之前苛于花钱备战感到不满，特别是某一些大商人在开战前夕把军火卖给法国人这一受法律保护的"正常商贸往来"引起了荷兰民众的怒火。1672年8月，在阿姆斯特丹城里爆发骚乱中，议会政府的首脑德·维特被群众乱拳打死，威廉三世被荷兰各省推举成为新的国家元首。——译注

督复辟重掌大权。"没有总督的共和国"仅存在了20年。

执政者和奥伦治派都是从曾经主导着民族独立战争的统治精英当中产生的。我们能说他们表达了不同的阶级利益吗?可以这么说,主要是因为有不同的集团集结在他们的身后,但这么说又立即会产生一个大悖论。奥伦治亲王首先是"内陆"省的土地所有者小精英集团的领袖,而执政者则属于规模甚巨的资产阶级,这个阶级由从事海运、工业和商业的城市居民组成。奥伦治派精英和商业资产阶级之间,人际联系和利益联系从来都是千丝万缕的。但是执政者背后的这个群体看到了自己的财富增长在半个世纪的时间内达到了惊人的比例,并且意识到自身已经成为了一个阶级:这是一些密切相关的家族(维特家族、布宁根家族、布尔格家族、胡德家族,等等),这些家族通过联合选择权将自己的成员任命为财团和集体组织的公共机构的领导者。同时,他们日益隔绝于中产阶级(工匠、商人和渔业从业者),后者实际上被剥夺了权力。最终,除了城市贫民之外,资本主义积累在若干年内在阿姆斯特丹、莱顿等地创造了随时可能起而造反的悲惨的无产阶级。

然而,若无军事危机和宗教危机——这两个危机提出了**教会与国家之间关系的关键问题**——的汇合,社会分化本身是不足以使"大众"认同于奥伦治党的。

在联合省内,加尔文主义改革把针对"罗马偶像崇拜"的反对力量和反西班牙——后来则是反法兰西——的爱国主义情绪连为一体。加尔文教是官方宗教,但却不是唯一的宗教。颇有影响的天主教少数群体继续保留着组织的权利。同样,我们应该注意到,犹太人——主要来自西班牙和葡萄牙——也在阿姆斯特丹形成了繁荣的社群。但真正对这一时期的社会冲突的属性和政治"党派"的身份起过度决定作用(surdéterminer)的事实是,荷兰加尔文教分裂成两个冲突的派系。

其一为**抗议派**(Remontrants)信徒,得名于阿明尼乌派神学的辩护者(他们于1610年便向国家提交了"抗议书",申明他们的立场)。他们作为自由意志的辩护者,也处于伊拉斯谟的传统中,主张宗教宽容,因为他们强调意识自由的重要性。他们期望建立一种"宗教和平",削弱教会组织的权力并将个人得救的责任交给个人自己。服从原则虽一直为教会教义所信奉,但却是他们反对的。相反他们在**外在宗教**(制度形式)和**内在宗教**之间做出了一种区分,他们只认为前者具有一种教育功能,而认为后者才是使信仰者团结为一个不可见的社群的唯一真正基础。这一区分也打开了对国家与教会间关系进行"世俗"设计的可能性,在这一设计中,国家将为了公共秩序的目的而有权控制外在宗教的象征,但却被禁止干预内在宗教,也没有能力进行这类干预。

由于传统和习俗,执政者精英倾向于接受阿明尼乌派。使当时的荷兰成为现代科学温床的许多数学家、医生和发明家都属于这个群体(这些人中最杰出者包括德·维特本人、胡德、惠更斯等人)。由于常常受到笛卡尔主义的濡染,他们在自由意志神学、理智自由探索的需要、"清晰而明确的观念"形而上学和理性的上帝之间建立一种和谐关系。还有一些人走得更远:可以想见,这些人转向了宗教怀疑论,这种怀疑论是将古代自然主义与英国同时代人霍布斯所阐发的"科学"政治学相融合的产物。他们最关切的就是"自然权利"(droit naturel)思想,"自然权利"正是道德与法——当然也是贸易与财富——的普遍基础。不管怎么说,执政者党派在两个本质之点上认同抗议派,这两个本质之点即:**宽容**——此乃社会和宗教和平,进而也是民族统一的前提,以及**社会权力**相对教会组织(教会组织也可以成为防止群众运动的一种手段)**的第一性**。这后一种观点引发了一系列相关的理论作品的问世,这类作品的第一部就是大法学家许霍·德赫罗特(即格老秀斯)在1647年去世之后发表的《论宗教事务中的主权权力》(*De imperio summarum potes-tarum circa sacra*)一书,我们可以在斯宾诺莎那里看到此书直接产生的回响。需要注意的是,被归入国家的 jus circa sacra(宗教法)可以完美地宽容组成国家的各社群间的——具有某种"私人"形式的——不宽容。

在所有这些问题上,抗议派与另一个派别即大多数人所信奉的**反抗议派**或"戈马尔"派(此派别以阿明尼乌派在莱顿的神学对手弗朗西斯·戈马尔得名)形成了不可调和的对立。作为正统的加尔文教信徒,戈马尔派捍卫基督徒**双重服从**的论点:在世俗事务上,服从于制度管制或君主,而在属灵的事务上服从于教会。教会应该完全独立于国家,有绝对权利选择它自己的执行者(ministre)、召集信众并从事传教和指导活动。但如果说服从是双重的,那么**法律则来自唯一的权威**:上帝自身。这是一项神圣拯救计划的组成部分,它只规定了唯一一个"基督教社会",教会和国家永远都不能真正完美地接近这个社会。因此之故,它们的关系实际上是不对称的:世俗统治者只有实际上是"基督教君主"的时候才有绝对权利享有其臣民的服从,唯其如此才能保证信仰在该国家的一切地方得到传播。这样一来,在实践中,出身于大学的牧师所关切的则是,市政和国家当局应该严密监视侵害上帝子民——用圣经的用语来说就是新以色列人——的异端邪说的出现。在别的环境中可能构成对绝对主义进行抵抗的堡垒的这么一种宗教信仰,却在荷兰履行着压抑的功能。然而这个教派未必不是某些强烈愿望的表达。大多数城市贫民和城市无产阶级同小资产阶级一样都是加尔文教信徒,从小资产阶级中招募的"戈马尔派"牧师也渴望扮演指导群众的角色。他们不仅批评执政者在神学方面的漠不关心,也对他们奢侈的生活方式及他们总督的公共事务处理方面进行谴责,这些都可以被描述为一种"民主"。阿明尼乌派因而并非是正统的唯一敌人,后者不得不面对其他"异端",尤其是"二次改革"[1]的那些追随者们,他们在一个名称下——用克拉科夫斯基的话来说——汇集成了"没有教会的基督徒"。我只是要说,这是一个多样的群体,他们在信仰方面有很大的差异,但对信仰的国家化进而还有个人化的要求使他们能联合起来。他们中的大多数人认同阿明尼乌派的自由意志论及对命定论的反驳。其中一些人有神秘主义倾向,而另一些人相反则接近"自然宗教"。索西奴派(因浮士德·索西奴得名,他是定居在波兰的意大利宗教改革家,遭到整个欧洲神学家的抵制)认为三位一体和原罪的教义是教会强加给神圣存在共同体的迷信(进而促生了"唯一神论派"和"反三位一体派"的教派形成)。从这种观点来看,基督不再是神人,而是对道德上的善和内在完美的一

---

[1] 指"荷兰第二次宗教改革"(Nadere Reformatie)。荷兰第二次宗教改革主要集中在 17 世纪和 18 世纪,吉恩·塔芬(Jean Taffin, 1528—1602)和威莱姆·提林克(Willem Teelinck, 1579—1629)是早期主要代表。从本质上说,德国敬虔主义、英格兰清教主义和荷兰第二次宗教改革都是对 16 世纪宗教改革的延续,是资产阶级披着宗教外衣的一场资产阶级性质的改革。——译注

种隐喻。其作为人类救赎者的功能因而也就失去了意义。此类神学中信仰的"神秘"被纯化之后,很容易实现与具有笛卡尔主义精神的理性主义哲学之间的融通(尽管笛卡尔本人是信奉罗马天主教的)。不过许多"没有教会的基督徒"仍旧痴迷于宣告自由之国和神的公义降临的弥赛亚主题,他们期待在当代事件(比如:犹太人改宗)中解读这类降临的信息。再洗礼派传统中的那些社群("门诺教派""社友会")采取了福音派的模式:没有教会等级制的信仰者自由联合。**这是又一种荷兰国内的宗教趋势**,它与加尔文主义者的教派完全相反,但却在同类宗教圈子中产生了影响。一些再洗礼派信徒,特别是社友会成员,坚持认为,同一种组织模式可以应用于国家组织(société civile),他们否认国家有权命令其臣民打破"不可杀人"的诫命,他们期待着建立在劳动共享和邻人之爱的基础上的平等社会的出现。

1619 年,多特总会判定阿明尼乌论点无效,并宣布革除持有该论点的牧师的教权。[1] 然而论争一直持续了下来,在知识生活中,阿明尼乌派仍然起着举足轻重的作用,继续与学者和持其他信仰的神学家(以及犹太人,其中就包括青年斯宾诺莎的老师之一米那西·本·以色列)进行着争论。由于多特信经被交给市政

---

[1] 为了解决阿明尼乌派与加尔文教派之间的纷争,荷兰国会在 1618 年召开全国性的会议,并邀请各国改革宗教会的代表参加。当时有 35 位本地的牧师、几位长老、5 位神学家、18 位国家顾问及 27 位外国代表列席,包括苏格兰、英格兰、比利时、瑞士、法兰西等国的代表。本以为将以平等的身份共同参与会议的阿明尼乌派人士结果发现自己竟处于被告境地。议会为保守加尔文信仰传统,判定阿明尼乌派的五项提案为错误,最终形成"多特信经",于 1618 年与 1619 年被在多特所召开的荷兰改革宗教会全国总会批准。——译注

当局负责执行，所以正统的"牧师"都非常警觉，而许多城市实际上施行着宽容政策。大概自1650年开始，阿明尼乌派才在这个国家挣到了立身之地。阿姆斯特丹实施了在当时其他地方闻所未闻的出版自由，这有利于形成思想自由和宽容的氛围。再洗礼派的各个"宗派"、来自英格兰的贵格会信徒以及各种千禧年信徒纷纷采取了激烈的行动，这些行动极大地激怒了神学家们，同时也让政府头疼不已。

然而，从17世纪第一个十年开始，奥伦治君主与其说出于宗教信念不如说出于算计（海牙抵得上一篇布道[1]）宣布自己为加尔文教教会的保护人，并从未停止过利用该教会的影响向执政者党派施加压力。另一方面，尽管戈马尔主义追求的首先是自身信仰目标的实现，但它仍然选择支持君主主义倾向而反对"没有总督的共和国"。对这两个派别来说，这种联盟并非是真正的思想统一，而是一种权宜之计，当民众群体都倾向于严格的加尔文教，并且，至少在危机时刻，大多都信任君主胜于执政者——群众怀疑执政者将个人私利置于民族福祉安全之上——之时，这一联盟是非常必要的。我们可以将这一形势简化图示如下页图。

我们能怎样在这个复杂的、流动的地形图上"确定"斯宾诺莎个人及其思想呢？斯宾诺莎生于阿姆斯特丹的葡萄牙犹太人社群，与这个社群密切联系的是商业和殖民活动，而此类活动即荷兰统治精英的力量基础，他的父亲也是精英中的一员。斯宾诺莎1656年被"革出教门"之后，遂被小资产阶级启蒙圈子，特别是社友会和笛卡尔主义圈子接受，从那时起直到他去世，他的朋友和

---

[1] 海牙是奥伦治家族所在地，故有此说。——译注

```
            奥伦治家族
  执政者       ＼  ／   资产阶级
            精英＝
  阿明尼乌派    ／   ＼   戈马尔派
            ／ 人民 ＼
         教派（社友会成员）
```

追随者"圈子"成员都来自于这些群体。他们把斯宾诺莎哲学称为"激进笛卡尔主义的"理性主义，甚至理解为彻底的无神论，在其哲学影响下，这些人中的一部分人开始形成激进立场（尤其是阿德里安·考贝夫[Adriaan Koerbagh]于1668年被判不敬罪；或许正是他死于狱中这一情况使斯宾诺莎决定身后再发表《神学政治论》）。同时，斯宾诺莎的其他关系——这类关系首先源自他本人的科学活动——也使他直接亲近执政者党派，甚至在某种意义上说，他本人就是詹·德·维特的私人"顾问"。

通过后见之明我们可以看到，斯宾诺莎成了一个身受**三重异质哲学**诉求的对象，即便这种诉求有时是同一个人提出的：此即来自科学、来自非教派宗教以及来自共和政治制度的诉求。我们可以说，他**听到了**所有这些诉求。我们也可以说，他并没有按照它们的期待对任何一个诉求做出回应。

《神学政治论》的写作本身反映了一种紧迫感。这是改革哲学以消除——从神学偏见内部消除——"古时奴役的残迹"（《神学政治论》,22)[1]的紧迫感。这是与侵害自由表达的各种威胁斗争、对君主制权威与宗教机要主义的共谋的成因予以分析的紧迫感——正是这种共谋动员起了"群众",使之与祖国的利益,进而与自身的利益背道而驰。这还是必须对助成无力的生活方式予以分析的紧迫感——正是那种无力(impuissance),创造了形形色色的神学幻觉,并且实际上还成了第二自然。由此才可能将自由,既是内部的也是外部的自由,既是个体的也是集体的自由,视为安全的条件,而非安全的威胁。

斯宾诺莎所属"阵营"确定无疑,至少如果我们认识到了《神学政治论》的写作和出版背景的话,那么对其对手的指认则也是确定的。他的"神学政治"介入——这一介入所属的传统至少可以追溯至格劳秀斯——呈现为共和党的一份宣言书,但也是一份令人懊恼的宣言书。斯宾诺莎的党见并没有使斯宾诺莎认同于既有的执政者意识形态和利益,也没有使他认同于学者或"没有教会的基督徒"的意识形态——这两种意识形态并不完全重合。在某种意义上说,真正的"自由的党派"**尚待建立**,它的构成要素分散各处,相互之间还未形成连结。这只是通过理论便可消除的一个误解吗?斯宾诺莎以未言明的方式投射了一种生活方式和社会意识形式,在其中群众的平等主义**和**有能力确保公共福祉安全的国家建制、有关确定性的宗教**和**有关自然因果序列的理性知识得以连结在一起,他这么做是在建构一种幻想(chimère)吗?他制定了能克服资产阶级(如执政者阶级所表明的)共和主义的弱

---

[1]《神学政治论》中译本第15页译作:"一般人常趋于迷信,注重古代的零碎事物。"——译注

点及其固有矛盾的一套原则,抑或只是试图保留一种历史的仲裁方案吗——而这种仲裁方案实际上对该阶级又总是来得太晚?未被回答的问题如此之多。

二、《神学政治论》:一篇民主宣言

Le « Traité théologico-politique » : un manifeste démocratique

《神学政治论》所包含的看似不兼容的（至今仍被作如是观）概念之间的紧张关系，使得它所提出的政治哲学变得相当难懂——也相当有趣。这种紧张关系首先似乎是超越"宽容"观念所固有的含混性的努力所致。我们首先要考察的就是国家主权与个人自由之间的关系。这一方面将使我能对民主在"自然"中有其基础这一论题加以质疑，另一方面使我能对斯宾诺莎的历史观及其将政治制度分为三个范畴（神权政体、君主政体和民主政体）的新颖模式加以考察。

主权权利与思想自由

任何国家主权都是**绝对主权**，否则便非主权。斯宾诺莎告诉我们，个人只能参与国家，否则便要担上处于"公敌"位置的风险（参看《神学政治论》第十六章）。而任何国家若想确保自身稳定则必须保证这些个人思想和表达自己意见的**最大**自由（参看《神学政治论》第二十章）。这两个观点其中之一即便不说是极权主义的也是具有绝对主义观念特色的，而另一个观点似乎表达了一种基本的民主原则，那么如何调和二者呢？斯宾诺莎本人在这本书的最后通过采用一条**基本规则**——这条规则建立在思想及言论方面与行动方面之间的区分这一基础之上的——告诉我们说：

> 实在说来,国家(Respublica)的真正目的是自由。现在我们已经明白,形成一个国家,立法之权必须委之于全体人民,或人民的一部分,或委之于一个人。因为,虽然人们的自由的判断是很有不同的,每人都以为只有他自己通晓事事物物,虽然感觉与言论完全一致是不可能的,若是个人不放弃完全依自己的判断以行动之权,是无法保持和平的。这样说来,个人放弃自由行动之权,而不放弃自由思考与判断之权,是对的。没人能违反当局而行动而不危及国家,虽然他的想法与判断可以与当局有分歧;他甚至可以有反对当局的言论,只要他是出于理性的坚信,不是出于欺骗、愤怒或憎恨,只要是他没有以私人的权威去求变革的企图。举例来说,若是有一个人说,有一条法律是不合理的,所以应该加以修改;如果他把他的意见呈给当局加以审查(只有当局有制定与修改法律之权),并且同时绝没有违反那条法律的行动,他很对得起国家,不愧是一个好国民;可是如果他责备当局不公,鼓动人民反对当局,或是如果不得当局的同意,他谋乱以图废除这条法律,那他就是个捣乱分子与叛徒。(《神学政治论》,330)[1]

这个规则将带来很多难题。首先就是解释的难题:我们必须

---

[1] 斯宾诺莎:《神学政治论》,温锡增译,北京:商务印书馆,1996:272-273。译文有调整。——译注

考虑到斯宾诺莎在第十七章解释服从时所说的话。服从并不取决于人们行动的动机,而取决于行动本身的服从性(conformité)。"我们不能立即推论说,按照自己决定行动的人,其行为是从其自身权利出发而不是从国家权利出发做出的。"[1](《神学政治论》,278)在这个意义上,国家**据信**是一切合法行动的责任人(auteur),而凡属不与法律相抵触的一切行为皆可称为合法行为。进而又出现了一个适用难题:正如斯宾诺莎本人所解释的那样,**某些言论也属行动**,尤其是那些对国家政治做出判断或可能对其形成妨害的言论。所以必须确定"在多大限度上能够并应该给予这种自由"(《神学政治论》,329)[2],或"什么意见是有危险性的"(《神学政治论》,331)[3]。但是对这个问题的回答不仅取决于一个基本原则(对或明或显地可能瓦解社会契约——也就是说,唤起国家"形式变革"而危及其存在——的那些意见予以排除),而且在取决于国家本身是否"腐败"的事实。只有在一个健康的国家里,这个规则,这个有助于保存国家的规则,才是适用的。但这又给我们带来了第三个难题:即斯宾诺莎此论点的理论含义的

---

[1]《神学政治论》中译本第227页译作:"我们不可以说,人们自己酌量的结果所发的一切行动其发生都是遵照个人的权利而不是遵照统治者。"——译注

[2] 参见《神学政治论》中译本第271-272页:"可是我们仍然不能否认言论可以有损于权威,正和行动一样;所以,虽然我们现在所讨论的自由不能完全不给人民,无限制地给予这种自由则是极其有害的。所以,我们现在必须研究,究竟能够并且必须给予到多大限度,而不危及国家的安宁或统治者的权势。"——译注

[3] 斯宾诺莎:《神学政治论》,温锡增译,北京:商务印书馆,1996:274。译文有调整。——译注

难题。

在一开始,我们就要先打消这样一种看似显而易见的解释:斯宾诺莎提出的这个区分只是重构了**私**(意见)与**公**(行动)之间的区分。实际上,在自由主义传统中,政治主权和个人自由才在这两个不同领域里得到配置,这两个领域看起来不相干涉,但又互为"担保"。那样一来就尤其利于从"教会与国家分离"的逻辑出发清算政治权威与宗教权威之间的冲突。但这种思想(洛克不久就将对之加以证明)在这里显然是不适用的。它分配给个人**和**国家的"权利"**都太少了**。

个人权利太少,因为个人能在其中行使自己意见自由的实质领域就是政治领域本身。国家的权利也太少,因为国家的或直接或间接的控制应该扩展到只有在人与人之间才存在的不同关系,进而扩展到他们的一切行动(包括宗教行动,因为经验表明人们针对于他们"同伴"或"邻人"的行为举止从来不可能不考虑自己的宗教意见)。即便公私之分是国家的一种必要制度(《神学政治论》,269)[1],它也不可能是国家建制的一种**原则**。所以,斯宾诺莎

---

[1] 参见《神学政治论》中译本第214页:"我们已经说过,这些理智的规律与指示的目的是为人类求真正的福利。不但如此,人人都想竭力安全地生活着,不为恐惧所袭。这是不能实现的,如果大家为所欲为,把理智的要求降到与怨恨和愤怒同等的地位;无人处于敌意、怨恨、愤怒、欺骗之中而不觉得惴惴不安,与竭力以避之。在第五章中我们曾清楚地证明,人不互助或没理智地帮助,必是极其可怜地生活着。想到这里我们就可明白,如果人要大致竭力享受天然属于个人的权利,人就不得不同意尽可能安善相处,生活不应再为个人的力量与欲望所规定,而是要取决于全体的力量与意志。"——译注

所阐明的法则不可能是一种简单的分离。实际上,斯宾诺莎要说明的是一个强得多的(也许也是有风险得多的)论点:国家主权和个人自由不必分离,实际上也并不抵触,因为二者就不存在于矛盾之中。**而是矛盾将使它们相互对立。**

斯宾诺莎不曾否认在这两项之间可能存在冲突。但这不外就是出现之后便会有解决办法的一种紧张冲突。我们通过检视国家试图压制意见自由时所发生的事情来进行第一步说明。"即令自由可以禁绝,把人压制得除非有统治者的命令他们都不敢低声说一句话。"(《神学政治论》,332)[1] 这样的实践不可避免地引起国家的毁灭,不是因为它本身不公或不道德,而是由于难以承受的心理原因:

> 人们普通的天性是最容易愤慨把他们相信不错的意见定为有罪,愤慨把使人敬上帝爱人的思想定为邪恶;所以他们随时都可以誓不承认法律,阴谋反抗当局,认为有这种目的在心以鼓动叛乱与滋长任何罪恶不是可耻的,倒是光荣的。人的天性既是如此,所以制裁人的意见的法律对于心地宽宏的(ingenui)人有影响,对于坏人没有影响,不足使罪犯以必从,而是激怒了正直的人;所以这种法律之保留是对于国家统治权(imperium)有很大的危害

---

[1] 斯宾诺莎:《神学政治论》,温锡增译,北京:商务印书馆,1996:275。——译注

的。(《政治神学论》,332)[1]

所以,加之于个体的压抑越横暴,反抗本身也就越暴力,也就越具破坏性,这是一种"自然法则"。当每个个体被召唤**起来作为一个他者而思考**的时候,他思想的生产力就会具有破坏性。在极限之处,我们既看到了个体的疯狂(furieuse)也看到了全部社会关系的颠覆。当国家等同于宗教之时——这种等同或是由于市民权威被宗教权威所吞并,或是由于它试图为个体强行灌输某种"世界观",而该"世界观"力图取代宗教但又和宗教有着同一种性质,这种矛盾显然变得相当尖锐。只有当所有个体实际上以同样的方式并且以同样的语汇信奉着同一个神,这种体制才能持存。但这种统一根本就是不可能的和不可思议的。无论是野蛮的还是文明的,无论是基督教的还是"偶像崇拜"的社会,举凡一切社会之中,我们都可以看到围绕着神、虔敬与道德、自然、人类状况等主题会不断地出现对立的意见。之所以这样,是因为,就大部分情况而言,人的意见是想象的产物,而每个个体的想象(他们组织在一起的叙事、他们投射于世界之上的意象)以一种不可化约的方式取决于他们各自的性情(complexion)——此即斯宾诺莎所说的 ingenium,这个词很难在法语中找到直接的对应(S. 扎克在

---

[1] 斯宾诺莎:《神学政治论》,温锡增译,北京:商务印书馆,1996:275。译文有调整。——译注

《政治论》中高兴地指认出"每个人的主要动机"就是它[1]）。对这个词,我们应作如是理解（根据《伦理学》第二部分命题 10 到命题 36 有关个性的解释）：它指由生活经历和际遇所塑造的一种记忆,这种记忆通过其独特的构成方式既被铭写于心灵（或灵魂）,也被铭写于身体气质。不同个体的各种意见应该化约为同一种单一的世界观,他们必须欲求相同的事物,必须拥有相同的经验,总之,这些意见可不必区分、相互可以互换——这当然在措辞上是一种矛盾。

从趋势上来看,从事意识形态压制的国家因而会摧毁自身。但斯宾诺莎推进他的观点,得出了彻底相反的结论。他指出,如果国家允许对立的意识形态中心得以发展,那么结果也是一样。古代希伯来的列王与教士之间、中世纪欧洲的罗马教会与罗马

---

[1] 西尔维安·扎克（Sylvian Zac）是法国当代政治哲学研究者,著有《斯宾诺莎的道德》（*La morale de Spinoza*）、《斯宾诺莎哲学中的生命观念》（*L'idée de vie dans la philosophie de Spinoza*）及《斯宾诺莎与圣经解释》（*Spinoza et l'interprétation de l'Écriture*）等著作。这里巴利巴尔提到扎克在斯宾诺莎的《政治论》中发现的"ingenium"一词的同义语,参见《政治论》第七章第 6 节："正如我在《伦理学》一书中详加论证的那样,功名心是每个人的主要动机。"（见斯宾诺莎：《政治论》,冯炳昆译,北京：商务印书馆,1999：68）斯宾诺莎《伦理学》第三部分命题 31 附释："每个人生性总是想别人依照他的**意思**（temperament）而生活；但如果人人都同样如此做,那么人人都同样会互相阻碍,并且如果人人都想要被所有其他的人所称赞所爱悦,那么所有的人都会陷于互相仇恨。"（见斯宾诺莎：《伦理学》,贺麟译,北京：商务印书馆,1997：124）以及第四部分命题 66 以下中论述了"自由人的**性格**（ingenio/temperament）与生活方式"（见《伦理学》,222 - 235）。——译注

帝国之间，以及近代欧洲君主政制与清教教派之间冲突的历史已经证明了这一点。正如我们已经指出的那样，正是有着各自 ingenium 的同样的个人，或者更确切地说，正是同样的行动——"公义的"或"非公义的"，"虔敬的"或"不虔敬的"——牵涉到了对国家的服从和对神法的服从。在同一个区域——人的"共同体"的区域——不可能共存两个主权。因此，教会按照国家的模式被组织成为一种"国中之国"（imperium in imperio，见《神学政治论》，298）[1]，而教会领袖实际上或在法律上承担着政治职能。这必将瓦解国家。而这对个人来说并无益处，个人直接沦为他们所无法控制的斗争的工具。对人来说，最荒诞、最悲惨的事莫过于在孤独中拼命地思考。而最不能让人容忍的事莫过于那种为了击败对手必须对人们的轻信、恐惧和希望加以操控的权力。

正是在这里，论点的方向颠倒了过来：变消极被动为积极主动。如果说无论是将意见强加给个人，还是容忍自我组织化的和自治的精神权威对立面的存在，都不能使国家自存，如果说生活于这两种情形中的个人都觉得这些情形是不可容忍的，那么就只

---

[1]《神学政治论》中译本第 249 页译作"国内有另一个统治权"。另在斯宾诺莎谈及人类的自然状态时，也即人类在迷信中认为自己是天地中心的语境中，也常常使用"国中之国"的提法，如"大多数人认为，愚者破坏自然秩序而不是遵循自然秩序，而且认为在自然界中的人是王国中的王国"（见《政治论》中译本，12），"大部分写文章谈论人类的情感和生活方式的人，好像不是在讨论遵守自然界的共同规律的自然事物，而是在讨论超出自然以外的事物似的。他们似乎简直把在自然界中的人认作王国中的王国"（见《伦理学》中译本，96）。——译注

存在一种解决办法。

　　这一解决办法首先设定,国家应保留对宗教实践——"jus circa sacra"[1]——的绝对权利并为教会授权,仅使教会保有该实践的使用权。实际上,"宗教之获得法律的力量完全是由元首的命令来的。上帝借现世的统治者以临民。除了在这个意义之下,上帝在人民之中是没有一个特殊王国的"(《神学政治论》,314)。[2] 不过这个绝对主权进而也承认了**外在**宗教与**内在**宗教之间的区分:这一区分使主权者成为了"宗教与敬神的正当的解释者"(《神学政治论》,317)[3],同时又禁止主权者在超出对邻人的仁慈与公正范围之外为了自己的利益对"意见"——也就是说,思想和德性的模式——进行规定或颁行。在这种情况下,即便有些个别教会或信仰团体似乎还有其独立性,这是因为其实际在核心价值上隐含的(也是更为有效的)普遍同意使然,通过这种普遍同意,公民感觉"决定的动机是爱"而不是"害怕受惩罚"(《神学政治论》,227)[4]。

　　这个最初的放开实际将引发一连串其他方面的放开,首先便是国家必须尽最大可能开放个人意见的表达范围。每个个体的"性情"(complexion)将不再被视为主权者权力(potestas)的障碍,而是国家力量(potentia)有效的、构成性的要素。也只有当

---

[1] 拉丁文"宗教法"。——译注
[2] 斯宾诺莎:《神学政治论》,温锡增译,北京:商务印书馆,1996:258－259。——译注
[3] 前引书,262。——译注
[4] 前引书,227。——译注

个体自觉地参加到国家建设之中的时候,他们才能够自然而然地欲求国家的权威及其持存。国家通过意见自由使自身在最大程度上做出理性抉择,同时也使个人处于这样一种位置,他在这个位置上将选择服从作为自己唯一的有利行为。进而,**思想和言论将成为最强意义上的行动**。如果个人必须服从某既有法律——甚至是荒谬的法律(因为不服从所招致的危险甚于统治者方面的错误或愚行所造成的危险)(《神学政治论》,266－267)[1],那么对国家而言,鼓励一切观点的表达则更为重要,即便它们是**荒谬**或危险的,因为它们的益处大于对它们的表达所造成的不便。按某种非正式方式来看,实际存在的最高权力证明是一个集体生产的持续过程,个体的力量在这个过程中"被转化为"公共的力量,而意识形态上的摇摆不定也通过这个过程得到平息。国家的存在所暗含的**界限**(使行为服从于法律、对"颠覆性"意见予以禁止)本身所表达的无非是这个构成性过程的效果。

"最自然的"状态(l'etat)[2]:民主

通过国家、个人这两项之间相互的制约——其作用远胜过对

---

[1] 斯宾诺莎:《神学政治论》,温锡增译,北京:商务印书馆,1996:216－217。——译注

[2] 法语中的"etat"和英语中的"state"一词可作"国家"来理解。巴利巴尔在本节对斯宾诺莎的民主政体国家哲学进行梳理,因而有必要说明三种国家概念:一是领土意义上的国家(country),二是民族意义上的"国家"(nation),

它们各自的限制——二者各自"内化了"对方的益处,而实际力量的最大化也因而取代了不受限制的力量的幻想(斯宾诺莎所说的"温和的政府",《神学政治论》,329[1])。这种制约故而是一种**自我限制**。或许可以借用斯宾诺莎主义形而上学的一个基本范畴来这么说,这种自我限制表达了国家构成过程中所固有的一种因果性。

读者难免质疑这个论点能否适用于一切国家(或国家"一般")。该论点实际上已然被**民主**国家的预设所支配了!如果说消极被动的论点(压制意见的暴力到头来也反对国家本身)是一个普遍诉求的话,那么其积极主动的对应论点(不同意见的表达将形成共同利益并构筑成为国家力量)看上去就只适用于民主制,在这种制度当中,主权无非就是思考着的个体的总合:

三是政权意义上的"国家"(state)。"国家"一词有大致相近的拼法,英文、法文、德文、意大利文和西班牙文中的"国家"一词都来自拉丁词 status。status的本义是立场、状况、条件或身份。中世纪的学者把 status 当成政治术语,既指统治者的优越地位和条件,也指整个王国的地位。在相当长的时间内,人们以为 status 已获得了现代国家概念。用统一的文字"Stato"表示"国家"这一概念的做法,起源于意大利。意大利自罗马帝国灭亡之后,分为许多小国,且各国的政体制度均不尽相同,因此,"Imperio(帝国)、Terra(地域团体)"等各种文字均不能准确地用于总称存在于意大利半岛的各个国家,而"Citta(邦国)"又不能表示威尼斯(Venice)、佛罗伦萨(Florence)、热那亚(Genoa)、比萨(Pisa)等诸国的性质,于是便发明了"Stato"一词,以用指称一切国家,不论是君主国和共和国、大国或小国、城市国家或地域国家,均用"Stato"称之。——译注

[1] 斯宾诺莎:《神学政治论》,温锡增译,北京:商务印书馆,1996:271。——译注

> 一个社会就可以这样形成而不违犯天赋之权,法则（ratio）能永远被忠信恪守,就是说,若是每个个人把他的力量全部交付给国家,国家就有统御一切事物的自然权利;就是说,国家就有唯一绝对统治之权(imperium),每个人必须服从,否则就要受最严厉的处罚。这样的一个政体就是一个民主政体。民主政体可作如下界定:这一社会行使其全部的权力。统治权不受任何法律的限制,但是每个人无论什么事都要服从它。(《神学政治论》,266)[1]

斯宾诺莎的思想难道不是在这一点上面兜圈子吗？**理论的圈子**:民主国家最终之所以作为最稳定的国家出现,是因为从一开始,民主的条件就已经以隐含方式被植入了国家一般的定义之中。**实践的圈子**:对力量与自由必然相互包含这一事实最为无知的那些人,几乎不可能控制他们自己的专横本性,更不要说免于异议、叛乱和革命了,因而也只有他们才最需要不民主的国家,而国家——可以想见,国家将对自由的好处进行理性计算,并预见到暴力可能导致意识形态审查机制——从来都是以此原则运作着的国家。在这种政治语境——正如我们所了解的那样,这也是斯宾诺莎本人的政治语境——之中,这种兜圈子的论证给危机时期的干预——在偏差发生不太严重时予以修正,或者减少"自由共和国"的民主实质与其实践中的缺陷之间的差距等等之类的干预——留出的余地相当狭小。这或许有助于解释《神学政治论》

---

[1] 斯宾诺莎:《神学政治论》,温锡增译,北京:商务印书馆,1996:216 – 217。——译注

中某些段落透露出的悲怨的强调,这种腔调似乎表达了某种发现恨晚的恐惧,也就是说对共和国的"形式"内里早已悄悄地改换了内容这一事实的恐惧(《神学政治论》,161,240)。[1]

困难是现实的。在不就**自然**一词(这个词有时候必然包含着暴力的意思,而有时候又恰恰相反)做文字游戏的情况下,很难既主张所有既有国家形式都是自然过程的结果,又主张民主是"最自然的状态"[2](《神学政治论》,334)。在第十六章("论国家[Respublica]的基础;个人的自然权利与公民权;主权权利")当中,从其文本在对国家笼统的界定(或对所有国家组织[société civile]"起源"的描述)与对民主政体这一特殊形式的分析之间的摇摆不定便可判断,斯宾诺莎似乎已经直接遭遇了这个难题。所发生的一切好像表明民主这个概念包含着**一种理论上的双重铭写**。它是一个特殊的政治制度、特殊原因的一种效果,但又是所有政治制度中的那个"真理",我们可以从中把握所有政治制度构成所赖以为基础的内在一致性、原因和最终的趋势。

"社会契约"和"理性"这两个概念被密切地联系在一起加以使用,进而表达了民主政体的理论特权。所有国家组织(société civile)都可被视作一项契约的结果,而无论它是"暗含着还是明白地"表示的——因为此契约对人类摆脱因其特有嗜欲而负罪的"自然状态"而言是理性的。实际上,"人性的一条普遍规律是,凡人断为善的,他必不会等闲视之,除非是希望获得更大的善,或是出于害怕更

---

[1] 参见斯宾诺莎:《神学政治论》,温锡增译,北京:商务印书馆,1996:148 及以下,226 及以下。——译注
[2] 温锡增中译本作:"最自然的政体"。参见前引书,277。——译注

大的恶;人也不会忍受恶,除非是为避免更大恶,或获得更大善"(《神学政治论》,264)。[1] 民主揭示了在所有这类契约中都出现的这样一种机制:把个人力量"集中起来"或"整体转让",从而创制一种公民服从的制度。这个机制创造了一种理性的实践原则:

> 在一个民主政体中,不合理的命令更不要怕,因为一个民族的大多数,特别是如果这个民族很大,竟会对于一个不合理的策划加以首肯,这几乎是不可能的。还有一层,民主政体的基本目的在于避免非理性的欲望,竭力使人受理性的控制,这样大家才能和睦协调相处。(《神学政治论》,267)[2]

于是民主政体似乎显得是一切国家的内在要求。这个论点在逻辑上或许是成问题的,但其政治意义又是显而易见的。所有国家使统治制度化,相应地也使服从制度化,从而使得个体都**臣服**于一个客观秩序。但这种臣服的条件绝不同于奴役的条件。一种普遍化的奴隶制不可能创制一个国家。在国家的概念中既包含 imperium,也包含着 respublica。[3] 换言之,**公民权利**——也就是说,积极主动性(进而还有平等性,因为要考虑到平等性是与积

---

[1] 斯宾诺莎:《神学政治论》,温锡增译,北京:商务印书馆,1996:214－215。译文有调整。——译注

[2] 前引书,217。译文有调整。——译注

[3] 拉丁语 Imperium 在这里可以译为"统治",而另一拉丁语 respublica 或 res publica,原意为"公民组织"或"公民共同的事业"。——译注

极主动性成比例关系的)——乃是臣服的条件的前提,公民权利使民主政体的国家得到完全的发展:"他只是把自然权利交付给一个社会的大多数。他是那个社会的一分子。这样,所有的人仍然是平等的,与他们在自然状态之中无异。"(《神学政治论》,268)[1] 然而,作为国家真正权力之基础的同意,却总是以形式与内容最大可能的适配**为目标的**。形式可能是某种消极被动的形式,但在内容当中却总存在着较小的积极主动性要素,这种积极主动性要素乃是个体利益的体现和表达。甚至在主权能被定义为"人民主权"之前,"人民"就已经存在,而且是以不可化约为百姓(peuple)或某种消极被动群众的方式存在着。

由此我们才能了解,尽管主权在"理论"和"实践"上的属性看似相互矛盾,但将这两方面属性放在一起又是多么必要:

——"主权不受任何法律的限制。"(《神学政治论》,266)[2]

——"人民的福祉安全是最高的法律,其他一切法律,无论是属于神的,或属于人的,都应使之与此不相违背。"(《神学政治论》,317)[3]

——"这样说来,统治者强行完全不合理的命令是罕见的,因为他们不能不顾全他们自己的利益。他们顾全公共利益,按照理

---

[1] 斯宾诺莎:《神学政治论》,温锡增译,北京:商务印书馆,1996:219。译文有调整。——译注

[2] 斯宾诺莎:《神学政治论》,温锡增译,北京:商务印书馆,1996:217。译文有调整。——译注

[3] 前引书,263。译文有调整。——译注

智之命行动才能保持他们的权力,这正如辛尼加所说:'没人能长久保持一个专制者的威权。'"(《神学政治论》,267)[1]

——"我承认主权者有权极其暴力地来统治,因极其无足重轻的缘故把人民处死,但是有正确判断力的人是不会认为他有权这样做的。不特如此,因为这类的事情对于国家的整个建构而言不能无极大的危险,我们故不承认其有绝对的力量(因此,也就是绝对的权利)能做这些事情,因为主权者的权利是为他的力量所决定的。"(《神学政治论》,328)[2]

国家的"强度"是由它在维持自身制度形式过程中的持存能力所定义的。一旦公民开始在实际上罔顾主权者的命令(包括南辕北辙地执行命令),崩解就开始萌芽了。因而具体地讲,强国是这样一种国家,其主权者从公共利益出发所颁定的法令,是不会被其人民背叛的,而无论在和平时期还是战争时期都是如此(《神学政治论》,269-271)。[3] 而若我们不探究这种效果在实践上是怎么达成的,此"强国"的定义是没有意义的。如果对此不加解释,无论何种政治理论都可能是一种虚构。"支配一切人的主权权利属于有最大权威的那个人,用这权威它可以用武力以驱人,或用大家都怕的死的惩罚这种威胁以禁制人",斯宾诺莎写下这话之后,又马上补充道:"他能维持行使他的意志的力量的时候,

---

[1] 前引书,217。译文有调整。——译注
[2] 前引书,271。译文有调整。——译注
[3] 参见斯宾诺莎:《神学政治论》,温锡增译,北京:商务印书馆,1996:218-221。——译注

他才能保持这种主权权利;否则,他就要在他的王位上动摇,凡比他力量大的没有一个会违背自己的意志必须听从于他。"(《神学政治论》,266)¹ 斯宾诺莎进一步宣称:"统治的人只有在他们有能力完全行使他们的意志的时候,他们才有把他们的意志加之于人之权。如果这种能力丧失了,他们的命令之权也就丧失了,或落于操纵并保持此权之人的手里。"(《神学政治论》,267)²

这种观念既有力又是悖论性的。主权的绝对性质是一个事实。革命在定义上是非法并不为法律所容许的(革命的企图本身就是一种犯罪:《神学政治论》,270)³……除非革命获得了成功!而革命一旦发生,就会建立起新的权力,进而产生新的当权者,与其前任完完全全一样地不容置疑的新的当权者。在效果上,与其说斯宾诺莎是在申明(反对"暴政"制度)的"抵抗权",不如说是在这种理论本身当中承认了这样一个事实:岌岌可危的政权必定垮台,掌权者表面上还有权力反映的不过是其臣民的暂时无力(impuissance)——这是垮台过程的开始,而此时法律制度充当的是对力量现状的形式表达。这样一来,"每种统治权应保持其原有的形式"(《神学政治论》,310)⁴ 的信条就不再可能是一个无条件的原则。它也有着实践上的意义("慎重"),其正当性来自于经验,经验表明,绝大多数的情况是以暴力推翻一个统治者或一个政权并不能使境况改善,或者适得其反还要更糟(斯宾诺莎谈

---

¹ 前引书,216。译文有调整。——译注

² 前引书,217。——译注

³ 参见前引书,221。——译注

⁴ 斯宾诺莎:《神学政治论》,温锡增译,北京:商务印书馆,1996:258。——译注

到了英国革命的例子）。只有在尽可能自由的、推行"使其臣民内心服从"（《神学政治论》,279）[1]的统治方式的国家里，这个信条才必然为真。而这样一来，该信条就只是以规范方式表达这种国家构成方式的自然后果。

一种历史哲学？

我们刚刚贯穿起来的全部那些概念都是围绕**自然**这个要素被设计出来的。斯宾诺莎不断地强调它们是"自然权利"的展开，他视此"自然权利"等同于行动的力量（《神学政治论》,261 及以下）。[2] 在这个意义上，如果要我们在孤立的个人这个假设条件与政治建构过程——这个过程我们可以将之表述为自然状态向国家组织（société civile）的过渡——之间进行差异判断的话，这个差异绝不是自然世界转为另一世界的"通道"（比如说，它与从兽到人的过渡毫无关系），而这与其他自然法理论家或许会认为的那样完全相反。**同一些要素**在这个差异的两个方面都能找到，只不过被一种内在因果性进行了不同方式的重新分配。

人们或许认为，对这样一种彻底的自然主义来说，历史概念可能是没有意义的。但在《神学政治论》当中，情况却并非如此。毋宁说，我们在这里所看到的"自然"恰恰反映了思考历史的一种新方式，这种思考方式作为理性解释的方法试图通过原因作出解释。就这方面而言，或许可以说在《神学政治论》当中，充分地认

---

[1] 前引书,227。——译注
[2] 前引书,212 及以下。——译注

识"上帝"实质上就是内在地认识历史。所以,"自然主义"的理论语言可以完全地被转译为一种历史理论语言。当斯宾诺莎将政治制度之间的比较这个传统问题转化为所有社会秩序中固有的民主趋势的问题时,这一点是显而易见的。同样使这一点清楚可见的是在斯宾诺莎对一些有着历史起源的概念——如"民族"——进行分析的时候:"自然天性则不足以造成不同的民族。民族与民族之差是由于他们的语言、风俗与法律的不同;而由于最后说的两项,即风俗与法律,他们可能有一种特具的性情(ingenium),一种特具的生活方式与特有的偏见。"(《神学政治论》,295)[1] 在这里被用来在个体的独特性与被历史地建构起来的群体的独特性之间做出区分的概念(**性情**[ingenium]),与先前用以概括个体独特性的概念**完全是相同的**。但我们已经从一个视角转渡到了另一个视角,这一事实充分地说明了我们所触及到的困难,而这类困难似乎并没有最终的解决办法。

对某种历史话语的创造似乎并不那么显而易见。《神学政治论》基本上(从第七章到第十章)谈的都是历史话语生成的条件。**叙述**观出现在探讨的核心位置。历史叙述就其本质而言是书写的社会实践形式,其要素来自群众的想象,进而反过来又推动扩大着群众想象的效果。因此之故,历史科学必定是一种二级叙述——斯宾诺莎谈到了一种"批判的历史学"(《神学政治论》,139,161)[2]。

---

[1] 斯宾诺莎:《神学政治论》,温锡增译,北京:商务印书馆,1996:245-246。译文有调整。——译注

[2] 也可译为"考订的历史学",在温锡增译本中作:"用《圣经》的历史以解释《圣经》。"参见《神学政治论》,109,121。——译注

这种二级叙述既服从于必须的事件顺序,这样我们才能对之加以重构;又要服从于历史当事人对他们自己历史意义的想象方式,尽管这些当事人绝大多数对影响他们行为的原因是毫无所知的。这样一种方法不可能与其运用相割裂。斯宾诺莎在写作《神学政治论》的全部过程中不断地扮演着历史学家的角色,试图厘清他同时代人的历史构想方式与对人类命运的至高阐释模式和伟大叙事——《圣经》——之间的关系。因而他就必须处理预言的问题(第一章至第二章)、弥赛亚的问题(第三章)和教权主义的问题(第七章、第十二章)。我们将会看到,这些论题为他提供了比较的要素,使他能够对人民生活当中那些总是反复出现而或许又是不可取消的东西形成理解。如果说方方面面的这些探讨导向了一种普遍的阐释框架的话,那么你也可以说我们触及到了一种历史哲学。但是情况或许并非如此。

就斯宾诺莎分析方式中的基本要素而言,按照 A. 马泰隆的观点我们可以称之为关于"社会整体的激情"的一种历史理论。这显然蕴含着一个新维度的政治难题:决定着国家命运的**群众运动**的难题(特别参见第十七章和第十八章)。

如果我们通过摩西所奠立的服从机制与社会凝聚力的形式完美性来判断的话,可以说"希伯来人的联邦本可以永久延续"(《神学政治论》,303)[1]。但它却没有永久延续,与其他任何国家一样不可能做到这一点。国家的败亡并非先定,但也非偶然。国家的败亡即便是"遭遇"外部强敌的结果,其最终的解释毕竟仍应在内部不合的形成发展当中去寻找,正是内部不合败坏了制度,

---

[1] 斯宾诺莎:《神学政治论》,温锡增译,北京:商务印书馆,1996:250。——译注

放纵了群众(multitude)的激情(《神学政治论》,20－22,279,307－308)。[1] 只要这种不合还没有变得不可调和,犹太人的国家是可以挨过最可怕的灾难而得以复原的。不合变得狂热,国家乃告败亡。这些不合源自何处? 首先来自**国家的制度本身**,只要这类制度使各种权力并置以制造竞争的欲望、认可权利与财富的不平等、将正义和公民服从等同于一劳永逸的一种生活而拒不改变以能适应人们无尽的欲望的话。就此而言,制度总是矛盾的:它们可能克服自身的内在缺陷,也可能把人民和国家投入暴力之中。

如果全部历史不是通过**群众恐惧**(la crainte des masses)——群众自身所感到的恐惧,也是群众在他人那里引发的恐惧——而展开的话,这种不可避免的不稳定性本身是不足以使国家的存在(以及它所集中体现的民族的存在)发生波动的。政治制度体系最初是一种手段,借以平息对命运与暴力的恐惧。这个后果的实

---

[1] 前引书第14－15页:"在教会中和在国家中哲学家热烈地争论着,这是深切的仇恨与纷争的来源,骚乱可以立致,等等恶端,不胜枚举。以此之故,我决定要谨慎地,公正地,以无拘无束的精神来把《圣经》重新研究一番"及以下;第228页:"大众的不坚定的性情几乎使与大众有过交道的人陷于绝望。因为大众是完全为情绪所左右,不为理智所节制。它贸然而行,无所不至,极其容易为贪婪或奢华所腐化"及以下;第255页:"法利赛人为的是动摇较他们富有的人的地位,开始涉足到宗教的问题上来,责备撒都该人不敬神,并且,以他们为榜样,用最卑鄙的假心假意,用他们所谓热衷于主的那种同样的神圣的震怒,迫害那些纯洁的品性和高尚的道德引起了一般人的仇恨的那些人,公然辱骂他们的意见,并且煽动民众强烈的激情来反对他们"及以下。——译注

现,是通过依赖于恐惧本身来实现的,恐惧本身构成了统治者的权威的基础,进而恐惧非但没有消除,反而从一个对象移置为对另一个对象的恐惧。这种恐惧一旦成为双向恐惧,统治者畏惧群众的力量,反过来又以恐惧震慑群众(或挑动群众以恐惧震慑他们的对手),充满敌意的激情连锁关系(阶级、党派、宗教的仇恨)就会不可避免地导致内战。制度的恶化、人民变成无法辨认自己利益所在的"暴民"的转变是一个过程的两个方面。暴君将群众塑造成了充满了恐惧和革命幻想的爆炸性结合体,同时又使群众变得无力(impuissance)并进而发生分裂,只渴望一个"天赐之人"来奴役他们,而该人完全有可能又变成一个暴君,比如克伦威尔(《神学政治论》,309)。[1]

这并不是说历史"法则"必然是一切人反对一切人的战争,也不是说,国家作为唯一的镇压性权力就是随时在防止战争的爆发。过度的对抗激情本质上是维持和保卫既有秩序的愿望的倒错形态,这种愿望即便在恐惧本身当中也是存在的,每种恐惧总是伴随着希望(即便希望是针对这纯然现象的对象的希望)便是明证。在一些段落,斯宾诺莎也似乎暗示过,在每个民族的历史当中,甚至在全人类的历史上,国家组织(société civile)的存在为知识与生活方式的改进——从"野蛮"向文明的改进——提供了条件(《神学政治论》,105 -106, 303)。[2] 国家组织(société civile)减少无知,进而减少恐惧和迷信,进而也减少了群众的激情。但

---

[1] 斯宾诺莎:《神学政治论》,温锡增译,北京:商务印书馆,1996:257。——译注
[2] 斯宾诺莎:《神学政治论》,温锡增译,北京:商务印书馆,1996:81 -82,250。——译注

这个提法只是一种假设。

《神学政治论》的真正难题是**基督教的意义**的难题。显然,基督教并不曾使历史"道德化",也就是说,基督教根本没有改变历史当中存在着的那些力的自然性质。毋宁说,它在社会对抗的历史图式之中引入了一种额外力量——即它本身(《神学政治论》第十九章)。而基督教的诞生算不得应许的实现,也不等于神意干预。但事后看起来,它确乎决定了一个关键性的断裂。为什么呢?

基督本人之谜——但又并非"神秘"——在于与"上帝心对心交谈(communicare)"的非凡能力(《神学政治论》,38)[1],也就是说,把爱邻人当作一条普遍真理的训诫接受下来并以由"全人类所共有的意见与基本的教义"(《神学政治论》,92)[2]所构成的语言——而不是个别民族或个别个体"性情"的语言——进行表达的非凡能力。但基督的知识也并非是无限的,因为他面对着人民的无知与顽固,也不得不混淆必然性的语言与律法的语言(《神学政治论》,93)[3]。实际上,要理解基督的启示当中的所有这些方面,我们就得谨记,就像那些先知——他们(比如耶利米)的教导是其先导———一样,他也生活在一个**国家崩解**的时期(《神学政治论》,143-144,317-321)[4]。由于公共安全和团结的彻底缺乏,

---

[1] 前引书,25。——译注
[2] 斯宾诺莎:《神学政治论》,温锡增译,北京:商务印书馆,1996:73。——译注
[3] 前引书,73-74。——译注
[4] "箴言有些是有永久价值的,有些则只能用于一时"以下,见前引书,112;以及"人民的幸福是最高的法律,其他一切法律,无论是属于神的,或属于人的,都应使之与此不相违背"以下,见前引书,263。——译注

他不得不凭借野蛮的传统(这一传统与希伯来人的民族历史与国家历史密切相关)以从中提取能为全体人类共享的道德教导,并将之表述为**以个体方式**、"私人"方式针对每个人的**普遍的**神的律法。然而即便说基督的这种观念是极其正确的,但它毕竟包含着抽象的、虚构的成分:这种成分就在于,它确信这种宗教"将人当作人"来关切,不仅视人在外貌上类似,而且抽象掉了所有的政治的和生活的关系,就好像"人"都是"自然状态"当中的"人"似的。这种虚构的成分为真理的滥用开了方便之门:普遍的仁慈兼爱的诫命(人们都是邻人)转变成了一种谦卑的诫命(爱你的敌人,"有人打你的右脸,连左脸也转过来由他打")。基督最早的使徒(特别是保罗)生活在规模更大的政治危机时期(罗马帝国的危机,而罗马帝国对这些使徒来说代表了全部的人类文明世界),他们所完成的这种颠倒,以独立于所有国家(société civile)存在的方式把这一"律法"表述法典化,进而使之成了凌驾于国家(société civile)所特有律法的至高律法(《神学政治论》,225,332)。[1] 他们为这条律法赋予一种属灵的内容(对"肉身"的谴责),进而又通过神化基督的位格而使这一内容合法化。进而进入第三个阶段之后,也就打开了动用基督的教导**对抗**历史上的国家的可能性,制定自己的仪轨、教条、教团和内部派系,形成机器,建立"普世教会"(《神学政治论》,108 - 110,212)。[2] 与摩西最初的"错

---

[1] "因为我们知道《圣经》的目的不在告人以科学的知识,因此《圣经》只要人顺从,《圣经》责难固执,而不怪罪无知"及以下,见斯宾诺莎:《神学政治论》,温锡增译,北京:商务印书馆,1996:188,275。——译注
[2] 前引书,84 -85,176 -177。——译注

误"——他为利未人确立了教士职能的世袭垄断制(《神学政治论》,296-299)¹——给希伯来国家历史上造成了重重困难一样,基督的错误在相当长的时期内换来的则是不可调和的冲突的历史。

尽管有这些矛盾或正因为有这些矛盾,基督教才确乎构成了人类历史上的一个不可逆的转捩点。它是一场效果持续至今的文化革命,我们可以把握到的一个明证就是:**基督之后再无预言家**(《神学政治论》,33,206-213)²。也就是说,再也没出现过这样的杰出之人,他具有非凡的德性(vertus),想象力生动得能使自己将自然事件和他自己的想法表述为上帝的"示现",还能把得来的启示证明传达给他的人民,从而指导他们走向正途,恢复信仰(《神学政治论》第一章和第二章)。要知道这是为什么也容易。每个民族都曾有过自己的预言家,但以色列预言家的使命却是一种独特的历史配置的结果:摩西以命令的形式宣布神法,这种命令结合了"可怖的"威胁和奖赏的应许,而奖赏基本上就是本民族的繁荣昌盛(《神学政治论》,61,70,103,108等处)。³ 这些神法以排他性方式只被认定为希伯来民族的权利,在物理形式上铭写在神殿中的石版之上。虔敬的定义即严格地遵守石版上的规定。因而,这些规定必须是可理解的,也必须保持其约束的力量。预言家便是这些规定的积极中间人,他们以本族语言让本族人民记得这法律的存在,通过本族历史的

---

[1] 前引书,247。——译注

[2] 前引书,24以下,170-175。——译注

[3] 参见斯宾诺莎:《神学政治论》第四章"论神律"。——译注

阐释激活这法律的威胁和应许,进而鼓励希伯来人在心灵(animas)当中,尤其是在他们觉得难以信仰以色列的"选择"的考验之时去选择服从。正因**法律的外在性**,预言家们的职能才是必要的。因而,法律必须被不断地复活,其含义必须不断地在新情境当中得到说明,因为过去为他们带来法律的立法者不可能在今世明示他的启示。(在《伦理学》当中,斯宾诺莎将详述现在印象对过去印象的优势力量以及前者对后者的"加强"的相关理论:第四部分,命题 9–13[1])。

然而在基督的布道活动中,这种情况被颠倒了过来。法律不仅未被设定为独一民族之法律,它还被**内在化了**,进而**总是现在之法律**。基督并没有将启示构想为可听可闻的消息的传递,而是将之构想为一种理智上的启迪,他将这种启迪描述为"我们心底

---

[1] 命题 9:"假如我们想象一个情感的原因即在我们前面,那么这个情感比起我们想象一个原因不在我们前面的情感,必更为强烈。"命题 10:"一个未来的事物,而我们想象着那物行将到来。所能引起我们的情感,比起我们想象着那物发生的时间与现在相距很远,当更为活跃。同样,对于一个刚才消逝的事物的记忆,所能引起我们的情感,比起对于我们想象着在很久以前即已消逝的事物的情感,也当更为活跃。"命题 11:"假定其他情形相等,对于一个我们想象着是必然的事物的情感,比起对于一个我们想象着是可能的、偶然的或无必然性的事物的情感,必定更为强烈。"命题 12:"假定其他一切情形相等,对于一个我们知道现时不存在而我们想象着是可能的事物的情感,比起对于一个偶然的事物的情感,必定更为强烈。"命题 13:"假定其他一切情形相等,对于一个我们知道现时不存在的偶然事物的情感,比起对于一个过去事物的情感,必定更为淡薄。"参见斯宾诺莎:《伦理学》,贺麟译,北京:商务印书馆,1997:176–180。——译注

深处"的启示(《神学政治论》,93)。¹ 这样一来,信仰者不必寻求外在证据以印证神的应许,确保这应许的持久,相反要做的只是在他自己身上发现以基督为榜样的那些现有品质,发现"纯正的生活"(《神学政治论》,233-234)²的内在征象。得救对这样的信仰者便展现为他自身德性(这种德性[vertu]应该称为一种恩典)的一种结果。而且,正如在使徒教法当中典型地体现出的新布道风格很快表明的那样(《神学政治论》第十一章),他就这种启示的含义提出的所有问题只能通过可诉诸人类理解力的推理过的论证得到回答,而不再由与人类理解力相悖的奇迹回答。于是每个人归根到底都是他自己的中间人,没人能替他人充当宗教上的中间人。因此之故,"各人须把这些信条变通,以与他自己的理解力相合,须按他觉得能对于这些信条深信不疑来解释,庶几他更能全心全意顺从上帝"(《神学政治论》,245)。³ 凡是宣称或相信自己是预言家的人必定是"假的预言家"(还会有别的基督临世无论如何都将是不可思议的)。

神权政体的遗产

所以说,尽管斯宾诺莎没有把《神学政治论》的主要论点组织

---

¹ 此处引文段落中译本作:"人人都具有神律,并且我们探其本源,是来自人的天性,不得不认为神律是天赋于人的,并且可以说是深入人心的。"见《神学政治论》,77。——译注
² 斯宾诺莎:《神学政治论》,温锡增译,北京:商务印书馆,1996:182。——译注
³ 前引书,200。译文有调整。——译注

成一个体系,但毕竟勾勒出了一种历史哲学。接下来要问的便是:这些论点以何种方式改进我们对自由难题的理解,它们又何以使我们能克服那些困难?

无论我们怎么做,都很难让读者避免其某些段落文字上前后矛盾的感觉。比方说,在第七章,斯宾诺莎通过明确地驱逐所有宗教"祭司长"的方式总结了自己对教会和哲学家们挪用圣经的批判。因为真正普世的宗教

> 与其说在于外在行动,不如说在于心灵的忠诚与热忱,宗教是独立于所有公共法律与权威的……哪怕就是在宗教事务上,自由思想这种最高的权利也是属于一切人的,因为把这种权利委之于他人是不可想象的。所以关于此事,行使自由裁断的这种最高的力量,与自出心裁以解说宗教,也是每人力所能及的……对宗教下判断的这种最高权能是存于个人之手……解释《圣经》的法则不是别的,应该只是有赖于人所共有的自然之光,而非超自然之光、外在的什么权威。(《神学政治论》,157－158)[1]

然而,当斯宾诺莎证明宗教只有通过最高权力的裁定才能获得法律效力(当然,"十诫"不在此列)的时候,情形恰好相反:

---

[1] 斯宾诺莎:《神学政治论》,温锡增译,北京:商务印书馆,1996:128。译文据作者引文有调整。——译注

那么,君主的职责只是在于决定什么是公众的福祉与国家(imperium)的安全所必需的,随即发布命令;所以君主的职责也在于划清我们对邻人应尽的义务,换言之,决定我们应该如何服从上帝。我们现在能够了然为什么君主是宗教的解释者。而且,如果……人不暗中服从君主的一切命令,他就不能正当地服从上帝。因为既由于上帝的命令,我们必须对一切人尽义务,不损害任何人。我们也应该不帮助一个人致使另一个人吃亏,更不使整个国家(respublica)吃亏。那么,没有一个公民能知道什么是为国家好,他只有借统治权才能知道,只有统治权才有权处理公众的事物。因此之故,除非事事服从统治权的命令,没人能正当地尊敬上帝、服从上帝。(《神学政治论》,317-318)[1]

只有最高权力(主权)才决定公共的利益。

当然你可以说,第一个段落谈的是**内在宗教**或信仰,第二个段落谈的则是**外在宗教**或崇拜。但这本身不会使这个矛盾消除,因为主要的问题在于:这两种**行为**(也就是说,"事功"和"对邻人应尽的义务")是相互联系在一起的。显然,国家为任何外在宗教强加法律——就其最好的情形而言,是为了"公共的福祉安全"——之时,必然要碰到事功,也就是碰到信仰,因为"无事功的信仰是死的",这正是"公正与仁慈"这一观念所明确表达

---

[1] 斯宾诺莎:《神学政治论》,温锡增译,北京:商务印书馆,1996:263。译文据作者引文有调整。——译注

的东西。所以政治最高统治权与宗教共同体之间过去一度存在的联合未被废黜，也不可能废黜。甚至即便**历史上**的基督教将被传达着同种基本教义——只是摆脱了启示这一**事实**——的"自然宗教"取代，这一联合的废黜也不可能实现（《神学政治论》,222，225）。[1]

斯宾诺莎有关宗教与政治间关系的观念注定是"不纯粹"和不稳定的，我们或许可以对这种观念做这样的表述：**自然**视角和**历史**视角虽然在原则上等同，但二者之间事实上仍有裂隙。从另一个意义上说，这难道不是斯宾诺莎反思方式的优长所在吗？可否说这种矛盾并不首先是我们指出的那些文本自身的特征，而就是迫使斯宾诺莎发展出分析工具予以解析的现实（即历史本身）呢？这一点可以通过对神权政体、君主政体和民主政体三个概念之间的链接关系的考察得到印证，这三个概念在《神学政治论》中取代了更为传统的政治政体范畴划分。

神权政体并非斯宾诺莎所发明，而是他借自古典历史学家弗

---

[1] 参见《神学政治论》中译本第183页："我们不难看出怎么上帝可以说是《圣经》的著者。那是因为里面包含真正的宗教，不是因为他要传给人们一些书。从而我们也可以知道分为《旧约》与《新约》的理由。有《旧约》与《新约》之分是因为在基督之前传布宗教的预言家是借在摩西之下所订的契约把宗教当做国家的法律来传教的。而在基督之后的使徒们完全是借着基督的受难把宗教当做普遍的宗教来向所有的人传教的。"第185页："我们现在已经说明，《圣经》只有影响宗教或神律的时候才能称之为上帝的经典；现在我们必须指出，关于这些问题，《圣经》既没有错误，也不是妄改过的，也不是有舛误的。"——译注

拉维乌斯·约瑟夫[1]，后者的著作在《圣经》以外构成了犹太民族历史及制度的重要文献。但斯宾诺莎确乎是第一个对之加以系统使用的作者。总之，他首先使之成为了一个理论**概念**：

> 在希伯来人离开埃及以后，他们不受任何别的民族的法权的拘束……那时候，因为他们发现自己处于自然状态，他们听从了摩西的劝告。他们所信赖的人主要是摩西。他们决定把他们的权利不交付给任何别人，只交给上帝；不再延迟，他们都异口同声地答应听从神所有的命令，凡神不由预言方式的启示所发布之权他们概不承认……只有上帝对希伯来人有统治的权力（imperium）。他们的国家是凭借名为上帝的王国这个契约的。上帝说是他们的国王；因此之故，犹太人的敌人就说是上帝的敌人。凡想法夺取统治权的公民就犯了背叛上帝之罪；最后，国家的法律就称为上帝的律法与戒律。所以在希伯来国，民政权与宗教权都是完全由服从上帝而成，二者完全是一回事。宗教上的信条不是一些箴言，而是一些律法与命令；虔诚与忠诚即符合公义，不敬神与不忠则是不义。凡背弃宗教之人就不算是一个公民，仅仅根据这个理由，那个人就被认为是一个敌人和一个外人（hostis）。凡为宗教而死的人就被人认为是为国而死。事实上，政教的法律与权利完全没有分别。因

---

[1] 弗拉维乌斯·约瑟夫（Flavius Josèphe，前37—100？），古典时期犹太历史学家，著有《犹太上古史》《犹太内战史》。——译注

为这个理由,政府可以称之为神权政体……(《神学政治论》,282–283)[1]

第十七章以全部篇幅详述了这个定义,并勾勒出了希伯来神权政体国家的(下迄君主政体确立之前的)完整制度图景,这一完整图景并且还涉及希伯来国的"经济"及其"社会心理学",这使斯宾诺莎最终获得了对这种国家历史趋势的解释。所以,一方面,"神权政体"指历史上独特的一种政体,它显然是独一无二的。但是,这种"独特本质"也典型地体现于它在犹太民族史上引发的长时段后果之中,更宽泛地讲,就效果而言,它借由基督教的中介在整个人类历史上得到了播散。在这个意义上说,我们可以断定,神权政体的遗产——如果做个比喻的话——就体现在它使其自身完全与现代政治社会同时共生的不可能性当中:现代政治社会包含着某种"延宕"或内部错位。事实上在另一方面——斯宾诺莎多次在这个方面有所暗示,他又对具有普遍适用性的神权政体做出了分析:这种政体是社会的一种组织类型,是群众的一种行为类型,也是权力的一种代表类型(我们不禁要称之为一种"理想类型"),在其他种类的国家或它们所具有的政治趋势当中都可以找到该类型的对等物,或至少是相似物。或许可以说,在**一切**实际存在的国家中都能找到。所以《神学政治论》才特别重视详述神权政体所独具的辩证法。

实际上,使神权政体国家独具特点的东西具有深刻的内在矛

---

[1] 斯宾诺莎:《神学政治论》,温锡增译,北京:商务印书馆,1996:231–232。译文据作者引文有调整。——译注

盾。一方面,摩西奠立的制度代表了一个政治统一体几近完美的实现。这些制度之所以实现了政治上的统一,首先是赖于权力与权利的微妙平衡,这种平衡在实践中创造了一个总是进行"自我限制"的国家(可以看看——比方说吧——这些制度任命法官和军事领袖的方式,或者在教士和预言家之间分配宗教权威的方式,或者规定不可转让的土地的所有权的种种法规)。但这些制度之所以能形成一个政治统一体,更赖于这种国家的核心原则本身,那就是**民法与宗教法的同一性**。这种同一性促生了对生活的整体仪式化——个体在这一生活整体仪式化当中被禁绝对他们职责的质疑和偏离,也致使个体拯救完全等同于集体拯救。对全体以色列民族的拣选,调控着其人民相互之间的邻人之爱。正是因此,神权政体的这种理论也是民族主义之为爱国主义最强烈情感来源的一种理论(《神学政治论》,292—293)。[1] 说实话,所有这些特征都植根于希伯来文化的某种"野蛮状态"或原始状态之中(斯宾诺莎在《神学政治论》当中谈到过

---

[1] "这样说来,希伯来人对于他们的国家之爱不仅仅是爱国之心,也是敬神之心,用每天的礼仪来养育,以致他们对于别的国家的仇恨必是已经深入于他们的本性之中了。他们每日都举行的礼拜不仅是与别的国家的礼拜有所不同(由于他们是一个特殊的民族,并且完全与别的民族隔绝,自是不同的),是绝对相反的。这种一日复一日的斥责,自然而然地养成一种不可磨灭的仇恨,深深地长在心中,因为各种仇恨之中,以由于极度的虔敬而来的是最为深固的了。此种仇恨其自身即被人认为是敬神的。煽动这种仇恨,使之愈来愈甚,也不是没有一个总的原因,因为这是互为影响的;邻国对于犹太人其仇恨也是一样强烈的。"见《神学政治论》中译本,243。——译注

"儿童",70)。[1] 这就使我们要对这种特殊的团结再加详查。仪式性服从的这种政治文化是一种迷信文化；作为整体(和"财富")的自然正是在上帝意志指导下实现了的一种秩序——只有以这种观念为前提或强加这样一种观念,最高统治权力才能被等同于神的权威。结果就形成了有着最不可忍受的形式的恐惧文化：对上帝的恐惧,且伴以对不虔敬的强迫症式恐惧(说到底,这是永恒的苦恼,而神权政体从本质上说是痛苦的政体)。这种团结,建立在个体同一化基础之上的这种团结,进而走向了它的反面：一种威吓着每个人的孤独。由于时时刻刻心怀对上帝审判的恐惧,每个人都将这种焦虑投射在他人身上,时刻盯着他人的行为,提防着他人行为会否使上帝向整个共同体降下愤怒,因而人与人都相互视为可能的"内部敌人"。这种"神学上的憎恨"进而熄灭了一切相冲突的意见和野心,使之成了不可思议的东西。

如果我们看到神权政体在其种种原则表面上的统一性之下包裹着(以种子的方式内含着)两种对立的政治趋势的话,矛盾就显而易见了。从一开始斯宾诺莎就警告我们："所有这一切"(指将最高统治权交付给神)"学理上是如此,实践上则不然"(《神学政治论》,283)。[2] 这并不是说它是一种没有政治后果的虚构,毋

---

[1] "虽然我们说摩西在方才所引《摩西五书》的各段中只是按希伯来人的理解而说话,我们并没有意思否认上帝只为希伯来人制定了摩西律,也不否认上帝只对他们说话,也不否认他们看见了别的族所没见的奇迹。但是我们要着重地说,摩西要用一种方式,用一些论证,警戒希伯来人,这样才会有力地投合他们的**幼稚**的理解,使他们不得不崇拜神。"见前引书,51。——译注

[2] 斯宾诺莎：《神学政治论》,温锡增译,北京：商务印书馆,1996；232。——译注

宁说,在神权政体当中,虚构本身决定着使实践与行动成为固有于现实内部的一个原因。其作用必然是一种爱恨交织的(ambivalent)作用。一方面,神权政体**相当于**民主政体:将全部权力"交付"给上帝,希伯来人也就杜绝了全部权力为某个或某些个别人所掌握;在他们与上帝"订约"方面,希伯来人做到了人人平等,尽管他们还保留着野蛮状态,但已被建构成为了公民,就根本而言,在律法、公共职务、爱国责任以及财产面前达到了人人平等。神殿,"上帝的居所"是一个公共家园,属于全体人民,也是全体人民权利的集体象征(《神学政治论》,285)。[1] 民主制度的这种想象性确立方式——它是民主政体开始存在的唯一一种形式吗?——显然应具备的前提是某种形象化,是在"别的"场景对集体主权的某种移置:上帝的居所(vicem Dei)(《神学政治论》,284)[2] 要想安顿可以将社会生活法则转化为一套神圣义务的权威,就必须是被物质化了的和空的。这样的地方能无"人"占据吗?开始的时候,它被摩西占据,摩西的身份是立法预言家,以神的名义面向自愿交付全部权力的人们说话。后来,神殿"空了",但并没有消失:行使民事管理职能的和从事宗教管理职能的各种人继而占据了这个地方,为的是确立他们的协约,相互确认(或争夺)合法性。最终,神殿必**再次**——出于人民自己的要求——被某一个体的人所**占据**,他将是"耶和华的受膏者",也就是说是**既真实又具象征性的**这么一个个体的人。所以说,历史上所有君主

---

[1] "因为政府最高的所在地是神殿。我们已经说过,只有对于它,所有的支派都是同等的公民。"见《神学政治论》中译本,239。——译注
[2] 前引书,234。——译注

政体都包含着神权政体的起源要素,在这要素里面反映的是"君权神授"这一概念。事实上,作为个人,君主与群众相比只掌握着相当渺小的力量份额,因而一个君主很容易被另一个君主所取代。此外由于君主都是有生有死的凡人,他们也不可能保证承继上的万世一系。因此之故,君主们受益于主权在神这一记忆的复兴,他们必将更其要求臣民们绝对地服从,必将把他们自身所唤起的爱与恐惧转化为对上帝的爱与恐惧,必将表现得像是神在大地上的代表。这便封死了清除迷信的可能性。但是无法防止的是,在应对人民起义和反抗过程中涌现其他以上帝代表面目出现的竞争者——篡位者、占领者、高级教士、预言家、改革家……

现在让我们返回真正意义上的民主政体本身:我们能说当个人证明可以不必求助于与上帝订立约定的这一虚构(也就是说,在没有对主权想象性移置的情况下)而通过明确的"社会契约"直接行使集体主权之时,难题就彻底消失了吗?显然,即便不考虑群众的迷信,情况也不会是这样的。民主政体的国家,在义务相互依存和权利相互对等这两个关联在一起的原则基础上被建构起来,服从多数人意志的控制,而多数人的意志则是全部个体的意见的结果。而要让这一点实际上得到推行,主权者就得掌握绝对权利,以命令方式号召一些行为,从而影响公共旨趣,也得掌握使这一号召得以贯彻的手段,但光有这一点也还是不够的。还得就这样一种意见形成一种一致同意:对邻人的爱应该胜过个人野心,也就是说,人们应该"爱邻人如同爱自己"。于是**最为必要的**就是:意见及其表达的自由应该广泛地被当作国家的基础和目的接受下来。然而,正如我们所看到的那样,试图通过国家权威强加这种一致同意将会适得其反,也不会有效,因为这种一致同意完全取决于每个人的性情（ingenium）和心灵（animas）：**它只能间接地达成**。它的达成发生（或可能发生）在这样的情形中：一方面，国家以代表身份形式上控制一切宗教仪式（如有必要还惩戒对这些宗教仪式的滥用），另一方面，个体将"普世信仰"的"教义"（斯宾诺莎在《神学政治论》第十四章当中如是描述）当作他们自身意见和他们相互之间行为的调节原则接受下来。也就是说，他们必须遵奉一种"真正的宗教"，属于这种宗教的基督教便**倾向于**将自身等同于它所包含的道德学说实质。这样一来，神不再于**某处**被代表，相反**处处**皆是他的代表，他将被表述于个体的"心灵之中"，他将在这儿与实践着致力向善的生活的努力始终同在。所以，《神学政治论》的两个主题——"真正的宗教"和"主权者的自然权利"——及各自相关问题（即宗教信仰自由和公共意见自由）说的完全是一回事，而且共同构成了一个系统。二者相互限制，防止对方发生可能的倒错。二者相互调节着对方的作用效果。但社会"契约"和内在的"神法"之间仍然存在着一道鸿沟，即便作为信仰者的个体与作为公民的个体不可分离地相重叠，情况还是如此。在这个鸿沟内，没有想象一个超验上帝的余地，但肯定有着哲学话语或哲学家的地盘。这里必定也为大众对国内和平的渴望留出了地盘。在一定条件下，二者会合二为一。

三、《政治论》：一门关于国家的科学

Le « Traité politique » : une science de l'Etat

斯宾诺莎完成《神学政治论》几年之后便开始写作《政治论》，这是一部他有生之年未能完成的著作。但在我们看来，这部著作似乎完全改换了另一个世界。这里没有了圣经解释学的论证，也没有了逐渐引导着读者去理解即临危机的种种原因及其防止手段的那种循循善诱的策略。这里有的即便不是《伦理学》那里"几何学"式的论述，也是一种综合性的论述，这种论述方式明显地以理性原则为指归，带着科学的烙印。

差异不仅仅存在于风格之中：这种差异还涉及论证的理路和政治方向。这让读者感到非常困扰。改换了方向的这部著作毕竟还是让我们注意到了一些具有延续性的本质要素：首先就是通过力量（puissance）对自然权利的"定义"，正如我们将会看到的那样，斯宾诺莎将对这一理论做出最充分的展开。我们在《神学政治论》当中也看到过这样一种论点，即思想自由是不可控制的，因而也是不在主权者统治范围之内的，在这里（《政治论》第三章第8节）重新得到了论述[1]；不过也是在这儿，这种自由不再——至

---

[1] 见《政治论》（冯炳昆译，北京：商务印书馆，1999）第28页："其次，我们应该看到，国民只有在畏惧国家的力量和威胁，或者热爱这种国家状态的情况下，他们才受国家的控制，而不处于自身的权利之下（见第二章第10节）。由此可见，凡是通过威胁或利诱都不能做到的一切，均不属于国家的权利范围"及以下。——译注

少是表面上——与个人意见的表达自由密不可分地联系在一起。但差别更引人注目:斯宾诺莎不再诉诸"社会契约",不再视之为建构国家组织(société civile)的构成性契机。"国家的目的是自由"[1]那个有力的论题——几乎是一句标语——再也看不到了。相反我们在这里看到的是:"国家组织(société civile)的目的无非即和平与安全。"(《政治论》第五章第2节)[2]最后,尽管斯宾诺莎几次提及过《神学政治论》当中的那种宗教分析,但宗教在政治当中的作用现在即便不是边缘的,也显然是从属性的,斯宾诺莎的宗教观念本身似乎发生了重大的变化。在这里,"神权政体"仅仅只配间接涉及,而且已经降格成了选举君主的一种特殊方式(《政治论》第七章第25节)。"真正的宗教"的思想也不再重要;相反,在讨论贵族政体之时,斯宾诺莎引入了"祖国的宗教"(religion de la patrie)的观念(《政治论》第八章第46节)[3],这看上去似乎又回到了古代邦国的传统之中。

所有这些最终都与历史构成了相当不同的另一种关系。实际上,这里的历史概念显然不可能不发生改变。历史现在从属于理论,既为理论提供了一个探索领域,又是理论的幻觉之源。在这里,历史不再是这样一个有定向的框架——组成了这个框架的

---

[1] 温锡增中译本作:"实在来说,政治的真正目的是自由。"见斯宾诺莎:《神学政治论》,温锡增译,北京:商务印书馆,1996:272。——译注

[2] 见斯宾诺莎:《政治论》,冯炳昆译,北京:商务印书馆,1999:41-42。中译本作:"国家状态的目的不外乎生活的和平与安全。"——译注

[3] 见前引书,121。"祖国的宗教"(religion de la patrie)在此中译本中作"国教"。——译注

那些不可逆"时刻"总是给政治强加它们的制约。相应的,《圣经》也不再发挥核心作用,"神圣"历史——即便是以批判观点重写过的"神圣"历史——不再可能是政治智慧的优势资源。我们面对的绝不是某些概念的置换,而是一个全新的难题性。

1672年之后:新的难题性

为什么会有这些转变?无疑,是不同的著作类型使然。《神学政治论》是对当时论战的战斗性介入,因而斯宾诺莎就必须思考他与之论战的那些党派提出的问题和使用的语言,而《政治论》则作为一部理论著作被呈现出来,独立于所有特殊条件对"政治的基础"进行探讨——这些基础在《神学政治论》中有所涉及,只是得在后来才能完全展开论述。在《政治论》中,斯宾诺莎确实延续了这样一个论断,即理论与实践(praxis)是不可分的,而他也立即补充说道——这种思想直接源自于亚里士多德的《政治学》——"凡是可能设想到的用以维护人类和睦生活的一切国家形式(Civitas),均已被经验(experientia)所揭示"(《政治论》第一章第3节)。[1]

但是这个理由太着眼于形式了。在我看来,还有一个更关键的原因,那就是《神学政治论》的**内在困难**(前文已述)与当时

---

[1] 见斯宾诺莎:《政治论》,冯炳昆译,北京:商务印书馆,1999:5。中译作:"事实上,我完全相信,凡是可能设想到的用以维护人类和睦生活的一切国家形式,以及用来管理人民或把他们控制在一定范围内的一切必要手段,均已被经验所揭示。"——译注

发生的**历史事件**——即奥伦治党人"革命"——二者的重合。1672年，执政者的党派已经败北，联合省政治生活中短暂爆发了群众暴力。在斯宾诺莎的《政治论》讨论贵族政体——当时他就将荷兰共和国视为贵族政体——解体原因的那些段落中（《政治论》第九章第14节；第十一章第2节），我们可以非常清楚地看到这一点。此外，这也更多地体现在他对"限制群众"的方式的探索之中，这种探索的确可以说是强迫症式的（《政治论》第一章第3节；第七章第25节；第八章第4-5节；第九章第14节）。

我们能否按照斯宾诺莎的政治**理论**的内容，来重构他对这些事件的体认方式呢？他的朋友们被诛杀，他认为最好的政体彻底瓦解，斯宾诺莎对此的最初反应是痛苦和愤慨。而当危机时刻过去之后不太确定的是：1672年这场"革命"在斯宾诺莎看来是否完全证实了他与其他君主派的反对者所共有的恐怖。首先，事实表明，奥伦治亲王成功地保卫了国家（抵抗了法国的入侵）。再者，亲王所僭用之个人权力并没有被制度化成世袭君主制。执政者阶级在被迫服从于这位军事首领的"专政"之后，并没有完全被剥夺权力，而是达成了一种妥协。最后，新政权的确满足了加尔文主义者们对审查制度的一些要求（正是在1674年，国家查禁了《神学政治论》，同时被查禁的还有斯宾诺莎的朋友笛卡尔主义哲学家路易·梅耶尔有关《圣经》阐释的著作[1]、霍布斯的《利维坦》

---

[1] 梅耶尔的《哲学是圣经的解释者》在1674年与霍布斯的《利维坦》和斯宾诺莎的《神学政治论》一道被荷兰总督奥伦治三世以"宣传无神论"罪名禁止发售和传播。——译注

和一部索齐尼派[1]"异端"文献的文集):所有这些被禁出版物构成的全部范围都反映了正统教士对危及信仰的那些观念的判断;随后斯宾诺莎做出了放弃发表《伦理学》的决定。但这并没有造成国家完全服从于宗教权威的后果。恰恰相反,人们看到的后果是对共和国之敌成分复杂的"阵线"的瓦解。首先,"神权派"党人的希望被挫败,但统治阶级围绕新的力量平衡重建起来了一个整体,尽管这个整体较之于以前显得不那么稳定。

因而,自由的问题仍然悬而未决。这样更好:这个问题将不再作为一个无条件的问题被提出,而必须对**每一种政体**提出这个难题,问一问每一种政体如何运作才能在实践中产生自由的效果(《政治论》第七章第2,15-17,31节;第八章第44节;第十章第8节等部分)。在这个问题上,每种政体不完全相同,但就形式而言,不存在完全容不下对个体性的确认的政体——《政治论》将个体性称为"人的生活"(第五章第5节)。[2] 因而,对每种政体来说,必须去发现这种兼容性的条件。但另一方面,该语境下**绝对主义**这个概念所获得的意涵因而更具有谜一般的特征。

---

[1] 一译"索辛努派"或"苏西尼派"。16世纪欧洲基督教中的一个神学派别。16世纪由意大利宗教改革家莱利奥·索齐尼创立,反对正统教会的三位一体教义和关于基督具有神性的说法,主张用理智来解释超自然的启示。——译注

[2] 见斯宾诺莎:《政治论》,冯炳昆译,北京:商务印书馆,1999:43。本节中译这样表述:"因此,当我们说最好的国家是人们在其中和睦相处的国家时,是指这样的真正的人的存在状态,它不只是以血液循环和所有动物共有的其他生理过程为特征,而主要是以理性、真正的德性和精神生活为特征。"——译注

在这里，有必要注意当时围绕这个概念展开的漫长争论，我们在论述过程中会对这个争论的某些方面有所涉及。那个时期，与在法国和英国一样，在荷兰，主张君权神授的绝对主义的理论家们（如博叙埃，他曾细致地阅读过《神学政治论》）遭遇到了另一派理论家的反对，后者因受益于对马基雅维利的阅读而对绝对权力持有完全不同的观念——马基雅维利为这些"浪子"思想家提供了有关**国家理由**（la raison d'Etat）[1]的信条。并非偶然的是，《政治论》开篇第一个段落为我们呈现了两种类型的政治思想之间的背反。其中之一被斯宾诺莎（借用托马斯·莫尔的名著标题）斥为"乌托邦的"：它是柏拉图主义哲学家们的政治学，这些哲学家们试图从善的理式和人性的理性假设中推导出邦国的理想建构形式，而将现实中邦国建构形式的种种缺陷委过于固有的"恶"或堕落。另一种现实主义的（也是具有科学可能性的）政治思想类型则是"实践者"和"政治家"的政治思想，马基雅维利构成了这些人的典范。斯宾诺莎尽管明确表示马基雅维利的目标还不是很清楚（《政治论》第五章第7节），但毕竟希望捍卫马基雅维利并对他进行讨论（参考《政治论》第十章第1节）。斯宾诺莎从马基雅维利那里继承了这样一种思想，即制度的价值无关于个体的德性（vertu）或虔敬，制度一定是独立于所有这些条件而发生

---

[1] 在文艺复兴时期，现代国家理论形成过程中，"国家理由"作为一个问题被提了出来。最早提出这个问题的人是乔万尼·波特罗（Giovanni Botero，1544—1617），文艺复兴晚期意大利的思想家、修士、诗人和外交官。他的重要著作之一即《国家理由》（亦译《国家理性》），不过，这部著作提出的"国家理由"是完全反马基雅维利主义的。——译注

的。《政治论》多次表明了作为自身指导原则的**一个根本法则**：

> 由此可见，如果国家(imperium)的福祉安全取决于某些人的信义(fides)，而且国务的正确治理有赖于其统治者愿意采取有信义的行动，这个国家一定是很不稳定的。倒可以说，为了国家能够维持不坠，政府(res publicae)必须组织得不论其领导人出于理性动机还是出于激情因素都无关紧要——决不使其做出违背信义的或邪恶的行动来。其实，只要治理有方，不论统治者出于何种动机进行治理都不影响国家的稳定，因为，精神上的自由或刚强属于个人的美德，而国家的美德则在于安全稳定。(《政治论》第一章第6节)[1]

> 如果人们从天性上就以自己的利益作为自己最渴望的东西，那么，就不需要想方设法保持和谐与信义了。然而，如众所周知的那样，人的本性完全是另一回事。因此，国家(imperium)必须组织得使所有的成员，统治者也好，被统治者也好，不论是否愿意，都出于公共的福祉安全而行事。换句话说，必须使全体成员，不论出自自愿，还是出自强制或必要，都按照理性的指令来生活。要想达到这一点，国家事务必须以这样一种方式得到安排，即关乎公共福祉安全的事不能取决于任何个人的信

---

[1] 见斯宾诺莎：《政治论》，冯炳昆译，北京：商务印书馆，1999：8。——译注

义……(《政治论》第六章第 3 节)[1]

我们能否在这些说法当中断定斯宾诺莎抱有一种人类学上的悲观主义态度呢——这种悲观主义态度可以追溯至马基雅维利传统之中("人是邪恶的。"《君主论》第十八章)？稍后我们再来看这个问题。最急需的比较要在《政治论》和霍布斯的思想之间进行，后者的两部主要著作《论公民》(1642)和《利维坦》(1651)出版不久就被引介入荷兰并引起了讨论。在霍布斯看来，"权利"与"法"的概念是一对固有的对立，"就像自由与义务一样"。人的自然权利，也就是说，他的本原性个体自由本身是无限的。但它也是自我瓦解的，因为权利与权力之间相互制衡，以致引发"一切人反对一切人的战争"。这造成了不可忍受的境况，人人首先寻求自保。摆脱这种状态成为必须。为了达成安全，**自然权利必须被公民权利所取代**，被法律秩序所取代，而这种法律秩序只能肇自绝无争议的至高强制力。自然状态(也就是说，独立的个体)这样一来也就被"人为的"个体、"政治体"所取代，在其中，人民的意志全部由主权者(法)**代表**。通过这种"社会契约"，可推定是这些个体出于自己意愿使这种代表成为了制度。与此同时，这个政治体似乎(只要它在存续期间)是不可分割的，正如主权者的意志是不可分割的一样。霍布斯确立了(或者说重新确立了)力量与权利之间的对等，但这种对等**仅止限于主权者**，而将所有私人公民排除在外，留给他们的只是一些有条件的自由领

---

[1] 见斯宾诺莎:《政治论》，冯炳昆译，北京:商务印书馆，1999:47。译文有调整。——译注

域,而自由的大小则视情况而定。可以肯定的是,我们在这些有条件的自由中总是会看到包含着最基本的私有财产权利,而由国家为此项权利提供的保障也正是契约的主要条款。尽管相当概括,但这基本就是霍布斯的绝对主义。我们或许可以将这种绝对主义赖以建立的基础称为一种"消极的个人主义"。

自17世纪60年代开始,荷兰共和党理论家们(其中就有朗贝特·凡·凡尔底桑,他是斯宾诺莎的通信人之一,参看第42,43和69封信[1])就已运用霍布斯的理论,既与"君权神授"论论战,又反对国家与市政及各省管理者之间的权力平衡论。这里不可能没有悖论:在霍布斯那里,法学绝对主义与一种君主论立场不可分割地建立在一起;只有主权者的人身独一无二性才能保障主权意志的统一,进而才能保障政治体免受派性的分割。

我们将会看到,斯宾诺莎与共和党的理论家们一样也追求一种"强有力的国家",也与他们一样认为这种国家的形式是不可分割的。他认可霍布斯提出的这样一条原则的正确性:当国家集中所有力量才能保证其自身及个体公民的安全之时,国家与自己的目的是保持一致的。但是,他又明确反对"自然权利"和"公民权利"之间的那种区分(参见《书信》,第50封信,致耶勒斯,以及第

---

[1] 凡尔底桑(Lambert de Velthuysen,1622—1685)是正统的基督徒,斯宾诺莎的主要论敌之一,在斯宾诺莎生时,就坚决反对《神学政治论》,认为这是一部宣传无神论的邪恶的书籍,在斯宾诺莎死后,他又在一部名为《论自然宗教和道德的起源》的书里攻击斯宾诺莎的《伦理学》。这些信件参见《斯宾诺莎书信集》,洪汉鼎译,北京:商务印书馆,1993:175-193,275。——译注

33封信有关《神学政治论》的注释¹),进而也反对"社会契约"和"代表"等概念。此外,斯宾诺莎不仅认为民主政体也可以是"绝对的",而且他还主张——这使他有别于他的所有同时代人——在某种条件下,一个"**绝对地绝对**"(omnino absolution)国家也可以是民主的(《政治论》第八章第3,7节;第十一章第1节)。² 但与此同时,这一思路使他思考这样一个问题,即阿姆斯特丹和海牙的大资产阶级"自由共和国"为什么**不是**而且无疑也绝不可能

---

¹ 雅里希·耶勒斯(Jarig Jelles,?—1683),阿姆斯特丹香料商人,他的传记家曾说,他认为追求知识"比追逐金钱更高贵",他学识渊博,也是斯宾诺莎的长期赞助人。在第50封信中,斯宾诺莎说:"关于您问的,我的政治学说和霍布斯的政治学说有何差别,我可以回答如下,我永远要让自然权利不受侵犯,因而国家的最高权力只有与它超出臣民的力量相适应的权利,此外对臣民没有更多的权利。"第33封信是奥尔登堡致斯宾诺莎的信,斯宾诺莎回信已缺失,信中奥尔登堡提及犹太人重返耶路撒冷建国问题,文中有注释说明斯宾诺莎对此的态度:"不过从《神学政治论》里,我们可以认为,斯宾诺莎并不反对,因为他说:'我甚至相信,若是他们(指犹太人)的宗教的基础没有把他们的心灵变得无力,人事是易变的,一有机会,他们可以重新振兴他们的王国,而且上帝也许再一次选拔他们。'"(《神学政治论》中译本第64页)参见《斯宾诺莎书信集》,洪汉鼎译,北京:商务印书馆,1993:205,150。——译注

² 见斯宾诺莎:《政治论》,冯炳昆译,北京:商务印书馆,1999。第92页:"委托具有充分规模的议事会行使的统治是绝对统治(imperium absolutum)。"第94页:"我们首先必须确保这些原则完全根据最高议事会的意志与力量,从而让议事会尽可能掌握它自己的权利,而且没有惧怕人民威胁的任何危险。"第144页:"最后,我们转入讨论第三类国家,这是完全绝对统治的国家,我们称它为民主政体。"——译注

会是这个意义上的绝对的统治。继而这又使他提出了另一个问题,无论是霍布斯还是马基雅维利都没提出过的一个问题,也是《神学政治论》从其单一的角度无法提出的一个问题,此即国家权力在"群众"运动本身之中的人民基础问题。它是一个史无前例的问题,至少作为理论分析的一个对象而言是这样的,我们可以说,这种理论分析迫使斯宾诺莎要证明自己比那些"政治家"本人更加"政治"……

《政治论》的计划

在**第一部分**(从第一章到第五章),斯宾诺莎确定了政治科学的方法,规定了基础性概念(权利、国家、主权、公民自由)并提出了这样一个**普遍难题**:政治制度如何"持存"。在**第二部分**(第六章以后),他考察了三种制度——**君主政体**、**贵族政体**、**民主政体**——各自解决这一难题的方式。

然而由于著作未完成,故论证过程在关键的地方戛然而止。在某些条件下,君主政体和贵族政体可以是"绝对的"。那么民主政体呢?他理论之中的这个裂隙——表面上源于偶然的一个裂隙——至今仍困扰着斯宾诺莎的评注者,刺激着他们的想象力。有可能填补这个裂隙吗?这完全取决于我们如何理解这种叙述的顺序。然而,几种阅读方法都是可能的。

如果我们将开始时提出的那些概念视作"第一类的真理"(或"第一因"),那么接下来只需搞清在细节上它们是怎么得到运用的。说到底,写作是否完成并不重要:关键的东西已经被说出来了。在某些早先说出的概念的帮助下,我们可以重构起有关民主政体的论证理论,从一开始这种政体就是被当作"最好的"政体被提出来的。

斯宾诺莎的意图也许就是——推测地讲——按着这种方式推进的。但是,一旦我们进入《政治论》的文本之中,我们就会明显看到实际上的推论过程完全不是那样。《政治论》同样也是一部研究之作,事先并不清楚会得出什么样的结论。无疑,《政治论》必须从一些普遍概念出发。但是对斯宾诺莎来说,普遍概念与有效知识不是一回事,后者仅概括某种特殊现实。而说到底,只有一种国家是独特的历史现实:把几种政体范畴化为几个类型只是为分析这种独特性提供理论工具罢了。这样一来,我们就得颠倒阅读策略:**普遍概念根本不能事先提供解决办法,它们仅仅帮助提出难题**。把权利(droit)界定为"力量"(puissance)直截了当地揭示了国家持存这一基础性问题之下掩藏着的全部困难和矛盾。通过研究这个基础性问题是怎样在不同政体当中出现的,我们可以逐渐地抓住使这一问题得到解决的条件。于是我们还得记住这另外一个问题:在君主政体到贵族政体进而到假说性的民主政体的这个过程当中,**那个解决办法本身也在发展着**!而似乎相当清楚的是这么一条共有的线索:主权在物理性上越少地被等同于社会中某一部分(最为极端的情况是只等同于某个个人),越是与全体人民相一致,它就越加稳定和强大。但同时,它的统一性(**一致性**)和它的(**决定能力的**)不可分割性也越加难以设计,难于组织……(参见《政治论》第五章第 4 节)。但在文本当中还能看到另一种更加迂回的逻辑。在不同"政体"之间(根据传统的范畴)做出区分,斯宾诺莎才能提取绝对主权难题的不同方面,进而弄明白它们的意涵。**这样一来,我们面对的就是一组"模**

型",可以说它们介于国家的抽象理念和现实政治的复杂性之间,每种模型都采取了朝向现实主义的步骤,但它们的前后相继并不构成某种简单的进步。所以,对君主政体的分析——这项分析工作迫使斯宾诺莎直面由王室职能的继承和贵族特权所提出的种种难题——聚焦于两种类型的社会团结即以血统为基础的和以权利(或公民权)为基础的社会团结之间的潜在矛盾。第一种贵族政体形式(在第八章当中得到了探讨)将贵族与平民之间的阶级斗争或阶级不平等的问题推向了前台。通过接下来在第九章对第二种"封建"贵族政体形式——这种贵族政体产生自几个相对独立的自治区域的联合——的介绍,斯宾诺莎才能以引入另一种矛盾的方式对阶级难题进行"过度决定",这里所谓另一种矛盾即中央集权与地方主义之间的矛盾。这样他就碰到了国家领土统一和民族统一之间关系的问题。那么通过对民主的分析还能提出什么更深层的难题吗?我们可以这样来设想:他必定会极其广泛地遇到群众激情的问题,这种激情对于任何类型的联合所必需的理性决定而言都是一种妨害,因为"每个人总是想要别人依照他自己的性情(ingenium)生活,赞同他所赞同的,拒绝他所拒绝的东西"(《政治论》第一章第5节)[1]——《伦理学》将这界定为"**野心**"。在每个政体都面临的一个问题——群众是可控制的吗?——背后,还有另一个问题,调节着第一个问题的变化程度的另一个问题:群众在多大程度上能控制自己的激情?

---

[1] 见斯宾诺莎:《政治论》,冯炳昆译,北京:商务印书馆,1999:7。译文有调整。——译注

权利(*Droit*)与力量(*Puissance*)

在《神学政治论》当中,斯宾诺莎以命题的方式定义了"权利"的概念——"每个个体有最高之权为其所能为;换言之,个体权利达于他的规定的力量的最大限度"(《神学政治论》,262)[1],在《政治论》当中,他展开了该定义的全部后果,通过这一过程展示了他作为一个理论家所具有的原创性。从字面上看,这个命题要说的是,"权利"概念不具有第一性:第一性属于"力量"概念。我们可以说,"权利"(jus,"法权")一词在政治语言中所表达的是力量(potentia)的原初现实性。但这个词并没有引入权利与力量之间的任何差异:因为这个词并不意味着权利**"源于"**或**"基于"**力量(因此之故,把斯宾诺莎这条命题理解成"权利即强权[le droit c'est la force]"的形形色色的阐释,显然统统都是错误的)。实际上,问题不是要对权利进行合理化论证,而是要就权利之决定因素、权利之运作方式形成一个充足的观念。这样来看,斯宾诺莎的这个表述可以被阐述成这样的意思:**个人在一套既定条件下实际能作为并能思想的全部权利皆是个体之权利**:

> 既然已知自然万物借以存在和活动的力量实际上就是神的力量,由此我们不难理解,自然权利究竟是什么。其实,因为神对万物均具有权利,而且神的权利不外

---

[1] 见斯宾诺莎:《神学政治论》,温锡增译,北京:商务印书馆,1996:212。译文有调整。——译注

乎被认为绝对自由的神的力量,由此可见,自然万物从自然取得的权利同它们借以存在和活动的力量一样多,因为各个自然物借以存在和活动的力量实际上就是绝对自由的神的力量。于是,我把自然权利视为据以产生万物的自然法则或自然规律,亦即自然力量本身。因此,整个自然的自然权利,从而每个个体的自然权利,都同它的力量所及范围一样广大。所以,一个人按自己的本性的法则行动就是按最高的自然权利行动,而且,他对自然具有同他的力量一样大的权利。(《政治论》第二章第 3 – 4 节)[1]

如果这样来理解的话,每个人的权利从来都是整体自然力量的**一个部分**:这一部分自然力能使每个人对全部其他部分的自然力发挥作用。因此之故,权利的范围就是**个体性**的全部范围;而自然不是一个无差别的整体,而是一个由差异个体组成的复杂体,其中的个体或多或少具有独立性,也或多或少具有复杂性。进而还应该这样来理解:权利概念只对应于一种**实际的现实性**,因而只对应于一种**积极主动性**。于是,像"人生而自由平等"之类的表述在这里毫无意义。实际的情况是,人所具有的力量是不平等的,除非有某种权利平衡(一种国家类型)使它们发生平等化。就出生(naissance)而言,它肯定不能标志个体宣称自身权利的契机,相反,却是标志着个体自身无力(impuissance)的一个契机:只

---

[1] 见斯宾诺莎:《政治论》,冯炳昆译,北京:商务印书馆,1999:5 – 6。译文有调整。——译注

是通过其他人的保护,个体才能要求自己的权利。一般来说,"理论上的"权利观念,认为权利是被设计成为某行动**能力**的这类观念,既无法得到承认也无法实践,因而是一种怪想或一种神话化的说法。这种观念以不充分的方式既标示着对力量增长的期望,也标示着对目前已为他人所悬置的过去力量的追念。

这样就排除掉了两种古典的权利观:

——一方面是将个体和集体权利与先在的某特定法律秩序(某制度体系,或权威的"正义",如神法)挂钩在一起的权利观,也就是说,主张"客观权利"的那种观念,在这种"客观权利"之下,一些行为和占有的行动得到**认可**,而另一些则被禁止。

——另一方面是把权利解释为与"物"(或可被归为"事物"的一切物)相对立的人类个体之自由意志表现的权利观,也就是说,主张"主观权利"的那种观念,这种观念认为,权利乃普遍人类特性之表达,其中包含着对承认的**要求**(斯宾诺莎明确对这一观点进行了批判:《政治论》第二章第7节)。

这种双重排除的后果:权利概念的定义从一开始就**不是**与**责任**(devoirs)相挂钩的。权利,与它所表达的力量一样,从一开始就没有"对立物"或"对等物"。但限制是必要的:表达无限力量的无限权利,仅对神或整体自然而言才有意义。本可一劳永逸地确定下来的权利与责任的抽象观念于是被另外一对相关概念所取代,后者把"支配自身权利"(sut juris esse)的**独立性**这一事实,即个体可以无限制地决定自己行为的能力这一事实,与他对某个或某些别的个体的权利(也就是说他们的力量)(esse alterius juris, sub alterius potestate)的依赖性这一事实对立了起来(《政治论》第二章第9节及以下)。这是一个基础性的关系。

但实际上这种对立却并不是一种绝对的对立。正如我们已经看到的那样,只有神(也就是全部自然、所有自然力量的总和)才是绝对独立的(因为它在自身之内包含了所有个体性和所有异在性)。实际上,就特定有限的自然实体而言,它们不仅相互依赖,而且每个实体当中都存在着依赖性与独立性的某种组合。人尤其是通过相对他人(并相对其他非人类的个体:动物、自然力,等等)而确认自身的独立性的,也正是与此同时,人差不多完全依赖于这些他者。如果说每个人的权利都是他自己力量的表达的话,那么该权利必然包含着这两个方面。由此定义可知,权利应是这样一种范畴,它指向的是力量的平衡关系,而这种关系是变化着的,也必然是演进着的。

但是我们要注意不能仅仅只着眼于冲突来解释这个定义。冲突当然存在,斯宾诺莎就把个体力量之间在实践上不可兼容的极端情形称为"自然状态"。在这样一种情况中,每个个体都陷于整体依赖性当中,这种依赖性**丝毫无助于**个体独立性的形成,而个体性本身也将直接处于威胁之中。这样一种"自然"状态就其性质而言是不可能的,更是不可思议的(除非是在发生社会崩解的历史灾难之时,或者甚至除非——这或许纯粹只可能是隐喻的说法——是在绝对暴政之下,人人自危,过着最低限度的"人"的生活……)。通过他者的力量而存在,依赖于他们的力量,也可以构成人借以在一定程度上保持并确证自身个体性的一种积极条件。接着出现的问题便涉及如何确知在什么阈限内可以达成这种平衡:在什么范围内不同个体的权利可以相安并存,或更好一点,能够相辅相成,或者相反又是在什么范围内它们相互抵消,甚至相互伤害。

正是在这个基础上,我们才能对法律体系的建构过程——被建构为权力体系的过程——中不同"权利"的连结进行分析。表达了可相安并存或相辅相成之力量的权利,也都是可兼容的;相反,对应于相互伤害之力量的权力则不可兼容。

从力量与权利的这种对等关系出发,斯宾诺莎立即得出了政治分析方面的如下重要推论:

——**权利平等**本身之构成一种权利或一种力量,可能存在,亦可能不存在,这要视情形而定:它总以某些条件为前提。斯宾诺莎在讨论封建国家时明确地指出过这一点(《政治论》第九章第4节)。在与"自然状态"极其接近的无政府情况下,个体的平等——他们的独立性——"实际上就不存在,或者只不过是一番空论"(《政治论》第二章第15节)。[1] 人与人之间或国家中全体公民之间的真实平等、并非空论的平等,只能是制度的产物,或一种集体实践的产物。仅当所有人将之当作他们利益所系的关键而加以承认的时候,这种平等才能够出现;

——个体之间的**契约关系**(由此,他们才能以互惠方式在货物和服务方面互通有无),并非某先在义务的结果,而是对一种新的、"双重"的权利或力量的建构。因而唯有更高一级的力量(比如,通过国家法律强化对已达成之约定的遵守的统治者)才能在一度促成契约的那些利益一旦不复存在的情况下保证契约不致

---

[1] 见斯宾诺莎:《政治论》,冯炳昆译,北京:商务印书馆,1999:17。——译注

破裂(《政治论》第二章第 12 – 13 节)。但是,如果同时出现了许多这种情况,而他又想以法律方式对它们进行干预,那么统治者就会使自己的权力处于危险之中。国与国之间情形亦复如是,除非存在更高一级的权威,否则决定性因素只能是订约各方的利益(《政治论》第三章第 11 节及以下);

——因而,从力量关系这个观点来看,唯一的结果——但它又并非一条构成性原则——就是**权利与事实对等**(l'équivalence du droit et du fait)的原则。这一论断确乎冒犯了道德。特别是,正如《神学政治论》已经解释过的那样,主权者的权利不会超出他所获得的实际服从的能力(千真万确的是,无论采取何种方式确定这种能力,都必须要顾及他的臣民的习俗)之外。[1] 主权者加之于过失者、罪犯和造反者的制裁所表达的并不是推行更高一级"禁令"的要求,而是一种自我持存的要求。这些制裁是理性的,也即在出于国家持存之计而用以思考使之免于崩解的完美方案这一理性范围内;

——但这样一来,激情与理性之间的差异将会以何种方式影响权利的界定呢?根据同一原理:**存在着源自激情的权利和源自理性的权利**,每一种都表达着自然的力量。可是这两种权利并不是对称性的:如果说激情总是排除理性并使之毁灭的话,理性在自身之内却并不包含对激情的破坏,它恰恰是支配激情的更高一

---

[1] "因为我们已经说过,统治的人只有在他们有能力完全行使他们的意志的时候,他们才有把他们的意志加之于人之权。如果这种能力丧失了,他们的命令之权也就丧失了,或落于操纵并保持此权之人的手里。"见斯宾诺莎:《神学政治论》,温锡增译,北京:商务印书馆,1996:217。——译注

级力量。这一关系与依赖性/独立性的难题密切相关:斯宾诺莎将理性压倒激情、独立性战胜依赖性的个体权利称为**自由**。一个是另一个的原因吗?要证实这一点,我们必须要确证激情的生活制造了对他人力量的依赖性(经验似乎就能告诉我们这是实情),不仅如此,我们还必须确证理性能使人获得独立性,而这则不太那么确然。尽管说万事万物皆是平等,但毕竟合理的是,只有最为理性的个体才最少地依赖于他者的激情(《政治论》第二章第5,7 - 8节)。在这儿,我们又得返回"独立性"与隔绝或孤立之间的区别,也就是说,返回具体的国家组织(société civile)生活。理性建议人们对众多个体的力量予以求同存异,借此求得和平与安全,反过来和平和安全又为人们提供了最大可能限度的真实独立性。

"政治体"

政治是一门有关国家持存的(理论的和应用的)科学,斯宾诺莎《政治论》通篇都在讲这个问题。因而政治有其目的(但正如我们所理解的那样,这并不是说此目的会使政治诉诸**目的论者们**的论证,毋宁说那些目的论者表述的只是政治的"迷信")。着眼于国家本身而言,这个目的即表现为一种更高级的要求,要求"公共福祉安全"和"公共秩序"(和平、安全、对法律的服从)。或者还可以这样说,政治的趋势在于保持国家的"物质存在"及其制度"形式"(进而还有主权者的权利—力量,无论此主权者是一个君主还是全体人民)。但是,国家的"物质存在"无非是调节着个体活动的一套稳定关系系统(faciès civitatis :《政治论》第六章第2节),这两个准则对应着同一个现实:国家之中**个体性**的持存。

所以,国家必须被构想为一个个体,或更确切地讲,被构想为由众多个体组成的一个个体,也具有"身体"和"灵魂"或思想(mens)(《政治论》第三章第1-2,5节;第四章第2节;第六章第19节;第八章第19节;第九章第14节;第十章第1节)。"在国家状态下,应该将全体公民视为自然状态下的个人"(《政治论》第七章第22节)。这似乎可以使我们将斯宾诺莎归入霍布斯(《利维坦》)的线索中,更为一般地讲,似乎可以将其归入古希腊直至今日的历史中视国家如个体的不绝如缕的那个传统线索中。我们可以对这个类比进行更为深入的思考,因为对此相似性的论断在斯宾诺莎这里包含了一系列截然不同的想法,对这一论断的理解要取决于国家的这种个体性究竟应被构想为一种隐喻性的个体性还是实际的个体性,应被构想为"自然的"个体性还是"人为的"个体性,应被构想为机械的团结还是有机的团结,应被构想为国家的自我组织还是其超自然命运的结果……斯宾诺莎本人给这一定义所赋予的内容究竟何所指,一切都是悬而未决的。

人的个体和国家的个体的持存都取决于是否运用这样一条完全相同的因果性原则:

> 对于一切自然物,不论它现在是否存在,我们都可以充分地予以设想。所以,各种自然物的开始存在或继续存在都不能从定义中推论出来,因为,在自然物开始存在以后和它存在以前,其观念上的本质是一样的。这样说来,就像不能从自然物的本质中推论出它的开始存在一样,也不能从那里推论出它的继续存在。自然物继续存在所必需的那种力量同它开始存在所必需的是一

样的。由此可见，各种自然物借以存在，以及此后借以活动的力量，只可能是神的永恒力量，不可能是其他。因为，如果那是神所创造的某种其他力量，那么，这种力量既不能保存自己，更不能保存各种自然物，反之，它自己为了继续存在，却需要与它被创造所需要过的力量相同的力量。(《政治论》第二章第 2 节)[1]

这一**不断生产**(production continuée)原则可无差别地适用于人类个体(斯宾诺莎使用了非限定的拉丁词 unusquisque，即"每个人"来指所有人类个体)(见《政治论》第二章第 5–8 节)和政治体(见《政治论》第三章第 12 节)。在这两种情况中，作为元素的个体的存在，都不仅被设想为自然的生产过程，而且也被设想为这些要素以及限定着它们、使它们得以对抗外力的力量("幸运")的**再生产**。内部的必然性是有限的，但绝不可能取消"自然的整体法则"的效果。斯宾诺莎通过一个文字游戏——这个文字游戏在他这部著作中占据着战略性的位置——表达了这样一个思想：无论是人类个体还是国家，就其本性而言都绝不可能是"国中之国"(imperium in imperio)，也就是说，都不可能具有绝对的独立性。

在孤立的人类个体和"由个体组成的个体"——即国家——之间，还存在着相当大的力量上的差别，这使二者之间也存在着性质上的差别。实际上，孤立个体无法保证自身长时间地持存，而国家若很好地得到建构，则能靠自己的力量长久持存(《政治

---

[1] 见斯宾诺莎：《政治论》，冯炳昆译，北京：商务印书馆，1999：9–10。——译注

论》第三章第 11 节）。若以个体生命跨度来衡量，国家生命或许接近于"某种永恒"。就此而论，二者之间的类比**成就了一种互惠性**，成就了一种要具体得多的思想：要使自身持存，个体就得需要他人；他们要追求自己的利益，就会不可避免地被导向持存国家的意愿（《政治论》第七章第 4，22 节；第八章第 24，31 节；第十章第 6 节）。相应的，国家要自我持存就必须去持存个体，确保他们的安全，安全正是公民服从的根本条件：国家一旦陷入无政府状态或为敌人的力量所支配，忠诚也就随即消失（《政治论》第十章第 9－10 节以及第四章全部）。"最佳政体"就其定义而言因而应该是在个体安全与该政体的制度稳定性之间建立起最强有力关联的这样一种政体：

> 从国家组织（société civile）的目的中，我们不难发现国家（imperium）的最佳政体（régime）：其目的不外乎生活的和平与安全。由此可见，凡是生活和睦、众皆守法的国家就是最好的国家（Etat）。其实，叛乱、战争以及作奸犯科与其说源于民性的邪恶，不如说源于败坏的国家政体。人们不是生来就具有生活于国家（civiles）的能力，却是被造就得具有这种能力。而且，人们的自然激情不论何地都是一样的。所以，一政治体（un corps politique）比另一政治体邪风更猖獗，犯罪更普遍，那一定是由于此政治体谋求和睦不足，法制不够昌明，而且相应地未能建立起政治体所应有的绝对权利之故。其实，一个国家组织（société civile），如果没有消除叛乱的因素，经常受到战争的威胁，而且法律屡遭践踏，那么，它与那

种每人按其性情(ingenium)生活、生命朝不保夕的自然状态也就没有多大区别。(《政治论》第五章第2节)[1]

如果这种关联能够成为完整的关联,也就是说,如果国家形式不是个体安全的一种"威胁"而个体活动也同样不危及制度的话,人们就获得了一个完美的政治体,我们可以称之为一个自由或理性的政治体(《政治论》第五章第6节;第八章第7节)。但是在某种意义上说,如果真的这样了,历史或政治也就都不复存在了……

直到这时,斯宾诺莎所进行的推理仍旧只是沿着《神学政治论》中所勾勒的思路进行的。换言之,他所做的无非是推演出他一贯严格恪守的历史因果性观念的种种推论——在这种历史因果性当中,起作用的因素只有众多个体的力量、这些个体力量的组合关系以及这两个因素之间的**相互作用**(这个词出现在书信集第32封"致奥尔登堡"的文本当中[2],也非常明显地反映了《伦理学》有关个体形式的持存的证明结论:参看《伦理学》第二部分命题9及命题13有关身体本性的附释[3])。但正如我们早先指出过的那样,在《神学政治论》当中被当作解决办法给出的东西,在这里被建构为一个难题。构成了政治体之实存的典型特

---

[1] 见斯宾诺莎:《政治论》,冯炳昆译,北京:商务印书馆,1999:41-42。译文有调整。——译注
[2] 见《斯宾诺莎书信集》,洪汉鼎译,北京:商务印书馆,1993:142-146。——译注
[3] 见斯宾诺莎:《伦理学》,贺麟译,北京:商务印书馆,1997:51-57。——译注

征的相互作用模式是什么呢？要对此进行更具体的界定,就得让我们跟随斯宾诺莎去看看他对不同政体的败亡原因所进行的研究。

有一些原因是在某既有国家形式所特有的一些方面表现出来的。而另一些原因则是普遍的,不过是根据不同制度结构而表现为不同的形式。首先是**外部**原因:最重要的则是战争。这种原因对所有社会构成威胁,因为国家与国家之间这样的关系犹如自然状态中个人与个人之间的关系(《政治论》第三章第11节;第七章第7节)。国家内部愈强大就愈能捍卫自身的完整,但同时,使国家选择战争而非和平的所有理由(军事阶层的存在、统治者追求荣誉的野心、借助侵略战争转嫁或调和内部矛盾的倾向)都是国家败亡的间接原因。撇开"幸运"或"命运"所起的不可化约的作用不谈,**内部**原因才是真正的原因。

这些内部原因构成了一个连续体,在其中,我首先看到的是个体的**违法**:其范围从公然抗命不遵直至根据自己喜好来解释统治者的决定的企图(《政治论》第三章第3-4节)。某公民或某公民群体妄言自己比国家更好地知道公共福祉安全最急需者为何,此乃国家败亡之源(《政治论》第三章第10节;第四章第2节)。与这一现象并行的是**权力的独断运用**,由此,权威向暴政退化。当君主有借口支配超出其实际力量的力量之时(《政治论》第六章第5节),或当贵族政体下权贵阶层变为一个世袭阶层之时(《政治论》第八章第14节),这种情况就会发生。这种情况也可能表现为这样一种形式,即统治者试图给人民强加一种有悖于其历史传统的政体形式(《政治论》第七章第26节;第九章第14节)。在所有这类情形当中,恐怖和腐化都会作为对某种无力(impuissance)的补偿而出现(《政治论》第七章第13,21节;第八章第29节),结果只能是恶化的不断加剧:权力之形式被个体视为危及他们生存或尊严的威胁(《政治论》第四章第4节)。当国家"疯狂"到威胁着要把人之为人的个体性压缩到不能再压缩的地步——过此界限,人们宁愿自己去死——之时,最终会激起摧毁国家的**群众的愤怒**(《政治论》第三章第9节;第七章第2节;第十章第8节以及整个第四章)。

归根到底,无论是个体暴力激起了国家暴力,还是个体发现除非暴力则无以抵抗权力的暴力(《政治论》第七章第30节),我们都会得出同样的结论:政治体只能存在于内战的潜在威胁之下,而无论这内战是统治者之间的,还是统治者与被统治者之间的。这是原因中的原因,归根到底决定着其他原因的有效性。于是就有了一条根本性的论点:**政治体恒患其民(cives)甚于其外敌**(hostes)(《政治论》第六章第6节)。每一种政体都有此经验。君主政体中,叛乱之源在世袭贵族的存在(《政治论》第七章第10节),在对雇佣军的倚重(《政治论》第七章第12节),在王位之争(《政治论》第六章第37节)。贵族政体中,叛乱之源在权贵间的不均(《政治论》第八章第11节),在官员的腐败(《政治论》第八章第29节),在城市间的竞争(《政治论》第九章第3,9节),在军事领袖的野心,当人们渴望救星之时这种野心就会膨胀(《政治论》第八章第9节;第十章第1节),最终在于贵族与平民——他们正是邦国之中的异邦人——之间的阶级斗争(《政治论》第八章第1-2,11,19,41,44节;第十章第3节)。

怎么解释这些分析呢?首先,它们扩展了《神学政治论》所勾勒的制度辩证法,只是按照各种政体对之稍加变化。它们表明,指责人性(或某特定群体之人的本性)"恶"之无益,因为公民之"恶"(如其德性一样)的根本原因总植根于制度的活动本身之中(《政治论》第三章第3节;第五章第2-3节;第七章第7,12节;第九章第14节;第十章第1-4节)。由此我们可以得出结论说,对一个政治体而言,保持其公共福祉安全的关键在于制度的质量。但是,在这个分析过程中,有某些东西一再地呈现出来,改变了这个结论的含义。政治体所由以败亡的所有这些原因构成了一个循环,这个循环完全内在于国家的自然构成之中,也就是说,它表达了使国家得以构成的权力之间的某种(矛盾性)关系(《政治论》第二章第18节;第四章第4节)。或换言之,自然实际上即等于历史。此外,群众本身,不仅是量的意义上的群众("大多数"公民),而且也是质的意义上的群众(数量庞大的个体的集体行动),已经成为了在对国家所进行的这种分析当中的决定性概念。政治难题不再是有两个项而是有着三个项的难题:"个体"与"国家"实际上都是抽象,只有在它们的关系之中才有意义;归根到底,每一种项都表达了**群众的力量**本身用来实现自身的一种形态。

因此,这就让我们回到了有关平衡、有关"自我限制"的那个观念(也就是说,这样一种观念,即"强大的""绝对的"国家应该是控制着自己权力的国家,而最不"绝对"的国家是一边制造恶,一边又立法禁绝这些恶的国家)(《政治论》第十章第4-6节)。于是看起来似乎是,有关平衡、有关"自我限制"的那个观念必然从来在自身之内都包含着对抗的观念。群众的力量既是一种可引发纷争的力量,又是一种可导向和谐的力量。正是在"激情"这个要素当中,蕴藏着平衡、调节、"调和"的难题,而这里的平衡、调节、"调和"相对于对抗,并且(也)不能简单地从"治理"的角度视之。再也**找不到**治理群众的外部支点了,即便是在霍布斯曾构想的那种治理形式当中也找不到。在一处了不起的段落中,斯宾诺莎对国家制度的衰败——既败坏"主子"(统治者)又败坏臣民(被统治者)的过程——进行了解释:

> 有些人把人类共有的天生缺陷说成只是平民才有,因为,"群众总是走极端的,如果不使他们俯首听命,他们就会胡作非为";"平民要么当低三下四的奴仆,要么当盛气凌人的主子,两者必居其一";"并不是由于他们有什么是非之心,也不是出于他们的真诚";等等。这些人大概会觉得我的见解可笑。不过,我认为人类的天性只有一个,而且是大家共通的。但是,我们往往因对方的力量和高贵教养而发生错觉。所以,"当两个人做同样的事情的时候,我们往往会说,这个人这样做是可以允许的,但那个人这样做却不能容忍。这是因人而异,不是因事而异"。统治者的特点就是骄傲。如果说当官一年就令人扬扬得意,那么,终身享有荣誉的贵胄又会如何呢?但是,他们的骄傲却饰以高雅派头,冠冕堂皇,豪华阔绰,使诸项缺陷达成某种协调,形成一种精致的荒诞和优雅的邪僻。结果,如将这些缺陷个别孤立地看,因其非常刺眼,应该说是丑恶可耻的,但是,对于无经验者和无知者来说,似乎却有某种诱人的光彩。至于说"群众总是走极端的,如果不使他们俯首听命,他们就会胡作非为",那是因为享受自由与遭受奴役这两种状态是很难并存的。最后,如果说平民没有什么真诚或是

非之心,那是不足为奇的,因为国家大事不向他们公开,他们只能根据隐瞒不了的少量情况作出判断。其实,遇事不做判断是很少有的德性。所以,如果将一切国事都对公民保密的同时,还要求公民对国事不下错误的判断,不做不当的解释,那简直是天大的笑话。如果平民能够在缺乏了解的事情上约束自己、不妄加评判,或者能够根据所掌握的蛛丝马迹对国事判断无误,那么,他们便有资格当统治者而不是被统治者了。不过,如前所述,一切人的天性都是一样的……(《政治论》第七章第27节)[1]

让我们做这样一番转译:**统治者与被统治者、主权者与公民,都是群众的一部分**。归根到底,根本问题在于人民是否能自我治理,也就是说,是否能使自身力量得到增长。这意味着两件具体的事情:

1. 民主是一个难题性概念,因为民主总是一定的已获平衡——基本上通过"一致同意"而获平衡——的群众存在方式之下的民主;

2. 平衡并不像肌体组织或法律制度秩序那样以静态方式存在;平衡是在个体为了同一个规划而共同工作过程中产生的。换言之,政治体的"灵魂"不是某种代表,而是一种实践。全部的问题在于决定。

---

[1] 见《政治论》,冯炳昆译,北京:商务印书馆,1999:82－83。译文有调整。——译注

国家的灵魂:决定

就"决定"一词的强意义而言,个体是不"做决定"的。被他们误当作自己意志的,最经常的是激情的无知,这使他们偏好一些行为而厌恶另一些行为。即便是他们对自己利益的意识,尽管其中包含极小的理性,也无法确保他们能免于陷入无力(impuissance)或全能的幻觉以及命定论或迷信。就群众而言,作为矛盾的力量,他们本质上就是分裂的,因而根本不能做决定。他们缺乏最起码的一致性,因而无法修正错误,无法协调目的与手段。在绝大多数社会中,群众被剥夺了权利,并被隐瞒情况,仅仅只构成了一个背景,在其中只有激情在相互激荡,在其中邦国(société civile)的灵魂的"摇摆不定"被放大到极端。然而要在国家层面形成一个统一的意志,则必须有群众介入国情的分享。而这在物理空间上是如何可能的呢?

让我们先来看看君主政体。第一个问题:谁在实际做决定?表面看来,是君主本人。然而,撇开即便君主也只能作为软弱个体应对之的那些常见情况不谈,单独一个个体也是不可能具有承担全部国家重担的能力的(《政治学》第六章第5节)。他需要有顾问供其咨询,需要有朋友和亲属为他提供保护,需要有臣工以传其令并确保贯彻。实际上是这些人在做决定。所以,形形色色的"绝对"君主政体之下掩藏的是贵族政体,这类政体当中现实的权力归一个阶层所有。可是,这个阶层(廷臣、贵族们构成的阶层)因争斗的野心而分裂。某个个人位居国家首脑之时,替换掉他也是可以想见的轻而易举之事(《政治论》第七章第14,23节)。

这种诱惑甚至理所当然,如果君主将死而每次新君承继都会有使主权"复归于人民"的风险的话(《政治论》第七章第 25 节)。要控制对手,保证统绪承继,理论上全权独揽的君主就得对某些他所宠幸者特加优渥,另一方面又"暗算其臣民"(《政治论》第五章第 7 节;第六章第 6 节;第七章第 29 节,译文有调整),从而保证臣民之间的竞争的存在。这么一来,他又自己使自己陷于瘫痪。

为了让君主获得他最大限度的力量,唯一合理的策略是:废黜所有合作主义,把审议过程建立在群众基础之上,同时保证最终裁断的完整性不受挑战。组建顾问团,负责为君主收集并汇总政治"意见",但必须以严格的法律使这种顾问团受到节制(《政治论》第六章第 25 节;第七章第 5 节)。请注意,斯宾诺莎所描绘的这种机制不仅是**代表制的**,而且也是最大可能**平等**的。君主绝不能在审议和政策拟定程序中发挥作用。而且他还必须要否定所有"国家机密"之类的做法(《政治论》第七章第 29 节)。因此,君主绝不是所谓知道通向公共福祉安全道路的"领袖"。但千万不要得出结论说他的职能可有可无:审议并不是做决定;甚至放手让大多数人发表意见就是一种有效行动;若没有他的集中职能,这样一种制度体系将无法产生出具体的结果,只能无休止地摇摆于各种群体的意见之间。议事会和君主,由于在二者之间分配了做决定的机会(因而也分配了监督执行的机会),**消除了这个制度体系的不确定性**,稳定了群众。或者毋宁说:群众在自身当中(借助某种形式机制)"选出"一个有决定权的个体,从而使自己稳定化。由此,我们可以说,在政治体中,君主是唯一没有自己"意见"、没有**内在性**的个体,在他自己内心,其所想无非即群众之所想,但是若没有君主,群众则无法明晰而确定地思考,因而也就无法保全自己。在这个意义上,也仅在这个意义上,我们才能严格地说君主是"邦国(société civile)的头脑"(《政治论》第六章第18–19节)。

那么贵族政体情况如何呢?就某些方面而言,情况刚好相反。贵族政体要转变成平等的政体就得崩溃,它就是一种必须这样持存的阶级统治。因而"平民"也必须被完全排除在审议程序和最终决定机会之外。从政治上讲,并非公民的所有这些平民都是这种国家中的异邦人(《政治论》第八章第9节)。为了不使权贵们的决定受到质询,为了不让治下之民或压力群体知情,这些决定只能采取秘密抽签的方式做出(《政治论》第八章第27节)。另一方面,根本不存在权贵群体排除他们个性的问题:恰恰相反,可以确定的是,他们只有在追逐自己各自(阶级)利益的同时才能追求普遍利益(《政治论》第十章第6–8节)。利益的这种融合之所以能达成是因为,与君主不同,这个群体是"永恒的":其成员固然都会衰老病死,但总会有新的成员递补进来(《政治论》第八章第3节;第十章第2节)。

这样的制度体系仍旧必然需要一个群众基础。于是就有了这样一条根本性的规则:**要使贵族政体切实可行,这种贵族阶层就得尽可能地扩大其成员数量**(《政治论》第八章第1–4,11–13节),这样才能既可以增强自身力量,又可以"在统计学上"反映全部群众意见。贵族人数越多,他们就能愈好地保留裁断权,进而能愈好地掌握权力(《政治论》第八章第3,17,19,29节等)。实际上,权贵阶级是一个开放的、扩张的统治阶级("资产阶级"?)。

但这个规则没有解决所有的困难。如何使政治体摆脱实际上"没有头颅"的多头境况呢(《政治论》第九章第14节)?选举一个总督是欺诈的做法——或就是对这种政体的改变(《政治论》

第八章第 17—18 节)。真正的解决办法是运用纯粹多数原则:所有制度的(复杂的)安排都意在贯彻这条原则并保持其严格性(《政治论》第八章第 35 节及以下)。请注意,这条原则是"代表制的",但它也杜绝了稳定党派的形成。斯宾诺莎似乎跟着两种不同的观念在走:一种观念认为,履行集体管理职能的议事会可以通过讨论得出理性的选择;另一种观念认为,所有意见都应进入决策待选过程当中,这样得出的结果才以最优机会而符合普遍利益,也最能为全体所接受。而党派的形成只会把多数意见化约为少数意见,出于同理,也会造成制度性错误。必须最后说明一点:决定是理性的,但未必就会自动地受到尊重。于是斯宾诺莎引入了一个最终的机制,该机制隐含对应于两套班子的区分,一套是**领导**班子,另一套是**行政**班子:平民无缘参与决策,但却必须被招募为行政官吏(《政治论》第八章第 17,44 节)。不同阶级尽管在主权上不平等但却能在国家运转当中相互关联起来,也都可以通过自己的利益认同国家。这样多数原则便可成为制造一致同意的一种手段。起支配作用的议事会可以被控制得"犹如在一个思想指导之下"(《政治论》第八章第 19 节,译文有调整),这个思想也可以将政治体当作一个整体来指导,**犹如**群众就是一个单独个体。

斯宾诺莎在这里提出的所有决策机制试图同时针对的是两个目标。一个目标是要把我们所说的"国家机器"建构成政治权力的真正掌握者。就它们各自的模态而言,这些政体的每一种都倾向于将其"主权"等同于这个机器的功能统一性。

另一个目标是试图让这个机器本身采纳"**民主化**"程序。无疑,民主政体本身究竟适用什么制度以及采用什么冲突解决方式的问题未有直接解答。但这个疑难被这样一个事实所抵消,即每种其他政体由于总是趋向于自身的"完美化",因而也开放了通向民主的一条道路。我们应该这样来理解:这些制度的目的在于从"心灵的摇摆不定"当中萃取出一个唯一的意见,因而也是进行一个选择,同时,这些制度也应被期待能在实践中围绕共同利益形成一个统一的心智。因此,群众的自我治理也是可以想象的了。越有效地达到群众自我治理的效果,是"君主政体"还是"贵族政体"抑或"民主政体"之类的法学划分便愈加成为纯粹的形式和抽象:说到底,最终都会变成一个名称问题。

斯宾诺莎的一些假定或许令人吃惊。比如,君主可以独立于一切贵族阶层的假定。但这个假定又是顺应了经典的"绝对主义"国家的倾向。此外更让人吃惊的是,斯宾诺莎所勾勒的君主制的平等主义相当符合有关"资产阶级君主"的假说[1],甚至预见到了"总统制"或"帝国主义"政体的到来……贵族政体形式则不同:以集体决策的理性能力为基础的这种政体要免于受到内部紧张对抗的侵害,唯一的出路是扩大统治阶级,直至将人民都包容在自己的整体之内,当然这里的人民不包含"天生的依附者",也就是妇女和奴仆(《政治论》第八章第14节,第九章第3-4节)。这里面隐含的假设是所有人的财富都能无限增长。不管怎么说,《政治论》所言的民主只在国家的两种理性化方式的辩证法这个基础上才是可想象的,在这里,国家的一种理性化方式重在平等,而另一种方式则重在自由。

---

[1] 巴利巴尔在这里指马克思和列宁对"资产阶级君主制"的论断,可参看马克思的《路易·波拿巴的雾月十八日》和列宁的《对瓦·沃多夫斯基〈资产阶级和君主制度〉一文的修改》。——译注

四、《伦理学》：一部政治人类学

« Ethique » : une anthropologie politique

我们已经通过其政治理论的两个阶段对斯宾诺莎进行了一番探寻,尝试着去揭示这两个阶段的差异及其后果。然而我们远未解决那个在我们看来极其关键的问题——哲学与政治之间相互包含的问题,在这个意义上讲,一切才刚刚开始:我们能说斯宾诺莎本人明确提出并思考了这个统一性吗?答案当然是肯定的。在后来的著作中,他对支撑着《神学政治论》和《政治论》当中论点的那些思想进行进一步阐发,使之转变成了一种人类学(或者说有关"人类本性"的一种理论)当中的概念,从而直接为他自己的哲学与所有前人的哲学之间的差异赋予了政治意义。为了阐明这最后一个问题,我们将考察三个难题:**社会性**的难题、**服从**的难题和**交往**的难题。

我们将继续从两部"政治论"当中借取要素,但尤其要倚重于《伦理学》,后者是斯宾诺莎用了他一生当中的 15 年时间完成并不断修改的一部体系性的著作。无论是他的朋友,还是他的敌人,都热切地期待着这部著作,并事先就对之加以他们自己的阐释,但最终这部著作在斯宾诺莎去世后于 1677 年才面世。

社会性

"自然""人类本性"和"社会性"是相互无法分离的哲学问题。有没有一种无论从其组织而言还是从其功能而言的"自然社会"呢?如果没有,社会和国家的制度是不是——就像斯宾诺莎可能会说的那样——"对自然秩序的扰乱"呢?对这个问题的回答都取决于我们界定"秩序"(究竟是宇宙的和谐呢,还是一种因果过程?)以及我们在它的对立面设定的反题(暴力、人为或**其他的法律的或精神的秩序**)——总之,哲学体系以何种方式解释自然概念,也就筹划了——通过相当间接的迂回之路筹划了——自然将以何种方式支配个体性和人类共同体。但这还并不是全部。支持**自然社会性**的论点(比如下面这样的表述,亚里士多德:"人天生是生存于邦国之中的生物",学术界释读为"社会动物",博叙埃:"社会可以被认为是一个大家庭",马克思:"在其现实性上,人的本质是社会关系的总和"),其含义在历史之中可能发生相当大的变化,乃至可以"服务于"非常不同的政治目的。完全相反的论点情况亦然,这类论点认为,社会性之于自然的自发运动,即便不是**反其道而行**的结果,也是一种**事后的制度化**:如自然包含了生成社会生活的倾向(在卢梭那里,自然的人对其邻人有着一种"社会情感"即同情,就是这种倾向),而社会生活又完全不能在自然本身当中实现,又如自然包含着人类共同体的道德目的,但实现该目的的道路却又为激情所阻(比如康德即持此观点),甚至再如人类本性本质上是"自私的"和反社会的(霍布斯就认为,人的自然状态即"一切人反对一切人的战争")。然而必须看到的是,这前述正题的含义和功能随语境而大不相同,但**反题本身**却从古希腊直至现代**保持不变**。这不禁让我们认为反题当中包含了一种意义,它掩盖着一个唯一的不可否认的事实。但这个事实是一种现实呢,还是一种思想?有关社会性的两种观念——自然社会性的观念和制度社会性的观念——在它们的人类学导向上的差异之外所**共通**的东西是什么呢？共通的东西也许就是：社会性总是被理解为一种纽带，它一定能使人们"团结起来"，以表达他们的相互需要或他们的"友爱"（希腊人所说的**爱**，基督徒或古典时代人们所说的**和平**或**和睦**），社会性是一种秩序，只有在其中人们才能享受实现了的这种纽带。

斯宾诺莎打破了这些经典范畴，同时又打开了一个新的方式，在这种方式中，要么"自然"要么"制度"的二者择一消失不见，于是不得不以另一种方式提出有关社会关系的难题。但是我们的历史文化总是让我们习惯于将二者择一视为不可避免的，这就使我们难于**解读**斯宾诺莎有关社会性的论点。让我们直接举出对这些论点做出总结的表述，对之来进行一番考察。这个表述我们可以在文本的核心处找到：《伦理学》第四部分命题37及其两个证明和两个附释[1]：

> 每一个遵循德性的人为自己所欲求的善，他也愿为他人而去欲求。而且他具有对于神的知识愈多，则他为他人而追求此善的欲求将愈大。

---

[1] 我在整体上用"感情"来翻译 affectus，该词今天经常被用来保留 affectio（拉丁语"感情"）和 passio（拉丁语"激情"）之间的差别。相反，根据斯宾诺莎本人提出的（"意识"接近程度上的）对等性（《伦理学》第三部分命题9附释），出于简便和避免误解起见，我将作为 cupiditas（拉丁语"欲望"）的 appetitus（拉丁语"冲动"）译作名词"欲求（désir）"，将作为 cupire（拉丁语动词"想要"）的 appetere（拉丁语"渴求"）译作动词"欲求"。根据巴利巴尔本人的译文，下面所引用的贺麟译文有相关调整。——译注

证明 只要人遵循理性的指导而生活(据第四部分命题35绎理一),则人于人便最为有益。因此(据第四部分命题19)我们遵循理性的指导,同时也必然努力使他人也遵循理性的指导。但每一个遵循理性的命令而生活的人所欲求的善,或者(据第四部分命题24)每一个遵循德性的人所追求的善,既然是理解(据第四部分命题26),所以每一个遵循德性的人所欲求的善,他也愿为他人而欲求。再则欲求就其与心灵相关联而言(据感情的定义第一),即是心灵的本质。但是心灵的本质(据第二部分命题11)包含有对神的知识在内(据第二部分命题47)的知识所构成,如果没有对神的知识,则心灵的本质既不能存在,也不能被认识(据第一部分命题15)。所以心灵的本质所包含的对神的知识愈多,则那遵循德性为自己欲求善的人,同时努力为他人而欲求此善的愿望也将愈大。此证。

别证 一个人为他自己而欲求的善或他所爱的善,如果他看见别人也同样的欲求它,则(据第三部分命题31)他对它的爱,将更为持久。所以(据第三部分命题31绎理)他将努力使别人也同样地爱它。但因此善(据第四部分命题36绎理)乃人人共同之善,人人皆能共同享受,所以(据同一理由)他将努力使人人都能共同享受。并且(据第三部分命题37)他自己愈是享受此善,他将愈努力使人人皆能共同享受。此证。

附释一 一个人纯出于感情的努力使别人爱他所爱

的东西，使别人依照他自己的性情（ingenium）而生活，则他的行为只是基于冲动，因而他会使得别人恨他，特别是那些另有不同的嗜好的人，与那些基于同样的冲动也要想努力使别人依照他们自己的性情而生活的人会表示恨他。因为他们出于感情而追求的最高的善，每每只是一个人可以单独占有之物。因此那些共同爱好此物的人，他们的内心并不一致，即当他们爱好一物并对那物赞美备至之时，他们心中又复害怕别人真正相信他们的话。反之，一个依据理性以领导他人的人，其行为不出于冲动，而基于仁爱与友好，并且他的内心也是完全一致的。

当我们具有神的观念或当我们认识神的时候，我们一切的欲求和行为，皆以我们自己为原因，我认为这就算是**宗教**（religionem）。由于我们遵循理性的指导而生活所产生的为人谋幸福的欲求，我称为**虔敬**（pietatem）。一个遵循理性的指导而生活的人努力使别人与他缔结友爱的欲求，我便称为**光荣**（honestatem）。所谓光荣的行为，即是为遵循理性而生活的人所称赞的行为。反之，凡足以妨害友爱的联系的行为，便是**不道德**（turpe）的行为。

除此以外，我又已经指出什么是**邦国**（civitas）的基础了。……

附释二 ……依据自然的最高权利，每人皆得生存。因之，依据自然的最高权利，每人所作所为皆出于他的本性（suae naturae）的必然性。所以依据自然的最高权利，每人各自辨别什么对自己是善的或者是恶的，每人各自按照自己的性情（ingenium）寻求自己的利益（参看第四部分命题19，20），为自己的仇恨进行报复（参看第三部分命题40绎理二），并且各自努力以保持自己之所爱而消灭自己之所恨（参看第三部分命题28）。

假如人人皆能遵循理性的指导而生活，这样，每一个人（据第四部分命题35绎理一）就都可以获得他的自然权利而不致丝毫损及别人。但是他们（据第四部分命题4绎理）既受制于感情，而这种感情的力量（据第四部分命题6）又远超过人的力量或德性，所以（据第四部分命题33）他们便被引诱到种种不同的方向，并（据第四部分命题34）陷于彼此互相反对，虽说（据第四部分命题35附释）他们本来彼此都需要相互的扶助。

因此要使人人彼此和平相处且能互相扶助起见，则人人必须放弃他们的自然权利，保持彼此间的信心，确保彼此皆互不做损害他人之事。至于此事要如何才能办到，要如何才可使得那必然受感情的支配（据第四部分命题4绎理）和性质变迁无常的人（据第四部分命题32），能够彼此间确保信心，互相信赖，据第四部分命题7及第三部分命题29所说，已很明白，因为在那两个命题里，我曾经指出，任何感情非借一个相反的较强的感情不能克制，并且又曾指出，一个人因为害怕一个较大的祸害，可以制止作损害他人的事。就是这个定律便可以作为维系社会（Societas）的坚实基础，只消社会能将私人各自报复和判断善恶的自然权利，收归公有，由社会自身执行，这样社会就有权力可以规定共同生活的方式（communia vivendi ratio），并制定法律，以维持秩序，但法律的有效施行，不能依靠理性，而须凭借刑罚，因为（据第四部分命题17附释）理性不能克制感情。像这样的坚实的建筑在法律上和自我保存的力量上面的社会就叫作邦国（Civitas），而在这邦国的法律下保护着的个人就叫做公民（Cives）。由此我们就可容易看出，在自然的状态下，无所谓人人共同一致承认的善或恶，因为在自然状态下，每一个人皆各自寻求自己的利益，只依照自己的性情，纯以自己的利益为前提，去判断什么是善，什么是恶，并且除了服从自己外，并不受任何法律的约束，服从任何别人。因此在自然状态下，是没有"罪"的观念的，反之，只有在社会状态下，善与恶皆为公共的同意（communi consensu）所决定，每一个人皆受法律的约束，必须服从政府。所以"罪"不是别的，只是邦国的法律所要惩罚的"不服从"而已。反之，服从就是一个公民的功绩，因为，由于公民能服从邦国的法令，他才被认为值得享受邦国的权益。再则，在自然的状态里，没有一个人经过公共的承认，对于某种物品有何主权，亦没有任何自然物品可以说是属于这人的而非属于那人的，而乃是一切物属于一切人（omnia omnium sunt）。所以在自然状态下，给己之所有以与人，或夺人之所有以归己的意志，皆无法设想。换言之，在自然状态下，即无所谓**公正**或**不公正**，唯有在社会状态下，经过公共的承认，确定了何者属于这人，何者属于那人，才有所谓公正或不公正的观念。……[1]

---

[1] 参见斯宾诺莎：《伦理学》，贺麟译，北京：商务印书馆，1997：196－201。译文有调整。——译注

《伦理学》中的每个命题都不能与其证明相分离,证明通过呈现该命题与其他命题之间的必然联系而确定该命题的含义。然而罕见的是,在这个命题里,我们看到了**两个证明**,分别从**完全不同的论证线索**予以证明。这样一来,要了解什么是"邦国的基础",读者必须完成这样一个任务:去考察这两个证明在何种程度上相互**不同**,而又在何种程度上表达了**同一种必然性**。为引导我们的讨论起见,我对使第四部分命题 37 和其他作为前件或补充的命题组连结起来的逻辑关系加以简化,列成下页图表。

让我们先看**证明一**。它好像太经典了,只不过是说:社会性被定义为对由理性所确定的最高的善的互惠性分有;正是由于对真(也即神,进而才是事物)的认识,人才能欲求共同的善,进而才能欲求互惠的利益,也即欲求相互之爱。所以并不令人吃惊的是,附释一讲这种"理性的"欲求称为**宗教**和**道德**。但这项证明依赖于两个作为前件的命题。可是,由于存在着一个控制着全部论证的小词——拉丁词 quatenus("只要"),事情于是变得复杂了:

《伦理学》第四部分命题 35 证明 人们**只要**遵循理性的指导而生活(据第三部分命题 3)才可说是主动的,因此**只要**是从为理性所决定的人性发出的行为(据第三部分定义 2)必须纯以人性为其最近因加以理解。但是因为每一个人(据第四部分命题 19)依照他自己的本性的法则,必然欲求他所认为是善的,而避免他所认为是恶的,又因为(据第二部分命题 41)凡根据理性的指示而判定为善的或为恶的,即必然地是善的或是恶的,

```
                    欲望是人的真正本质
              (《伦理学》第三部分命题9 关于感情的
                       证明与附释一)
                    ↓              ↓
《伦理学》第三部分命题29-35 人/他      《伦理学》第四部分命题18-31
人的想象作为令人/他人高兴和痛苦       出于本性,人类个体都寻求自己
的外部原因:"每个人生性总是想要       的利益(utile):"除了人外,没
别人依照他的性情而生活。"            有别的东西对于人更为有益。"
         ↓                              ↓
《伦理学》第四部分命题32-34          《伦理学》第四部分命题
人的社会关系服从于激情,因而          35-36 作为共同的善的社
也剧烈地在爱与恨之间波动。           会合理性。
                    ↓
              国家对善与恶、公正与不公所下的定义
              (《伦理学》第四部分命题37附释二)
                    ↕
    证明二(通过感情化的想象)   证明一(通过知识)
              "国家的基础":人性本有的德性即与他
              人共享共有之善的欲求(《伦理学》第四
              部分命题37及附释一)。
                    ↕
理性的无能:激情本身是坏的,但         理性的力量:在国家之中,自由、
为了将纪律加之于群众又必需激情        友爱和平等得以最大化(《伦理
(《伦理学》第四部分命题54,58)。      学》第四部分命题70-73)。
              在我们内心为激情所决定而产生的一切行为,也可以不
              为情感所决定,而可以努力(conatus)以理性加以引
              起(《伦理学》第四部分命题59;第五部分命题5-10)。
```

由此可以推知,人们**只要**遵循理性的指导而生活,才可以做出有益于人性并有益于别人的事情来,换言之(据第四部分命题31绎理),才可以做出符合每人本性的事情来。所以**只要**遵循理性的指导而生活,人们的本性才可必然地永远相符合。此证。

绎理一 天地间没有任何个别事物比起遵循理性的

指导而生活的人对于人更为有益。因为(据第四部分命题31绎理)对于人最有益的就是本性与他相符合的,换言之,就是人(这是自明的)。**只要当一个人遵循理性而生活**(据第三部分定义2),他才可说是绝对地依照他自己的本性的法则而行动,而且也**只要是**这样(据第四部分命题35)他才能永远地必然地与别人的本性相符合。……

绎理二 假如每一个人愈能寻求他自己的利益时,则人们彼此间便最为有益。因为每人愈能寻求他自己的利益,并保持他自己的存在,则(据第四部分命题20)他将愈具有德性,或(据第四部分定义8)换句话说,他将愈具有较大的力量,依照他自己的本性的法则而行动,(据第三部分命题3)亦即遵循理性的指导而生活。……

附释 我们刚才所证明的说法,日常经验中有许多异常显明的证据,足资参证。如"每人对于别人都是一个神"的谚语,几乎成了每个人的口头禅。诚然,人类很少真正遵循理性的指导而生活,反之,人与人间很多常怀忌妒,互相损害。但是人们并不能忍受孤独的生活,所以"人是一个社会的动物"这个定义,颇受大多数人的赞许。而其实,就人类共同的社会生活而言,还是利多而害少。无论玩世者流如何嘲笑人事酬酢,无论出世者流如何指斥人世的污浊,无论悲观消极者流如何颂扬原始蒙昧的生活,如何蔑视人群、赞美鸟兽,但经验告诉我们,通过人与人的互相扶助,他们更易于各获所需,而且唯有通过人群联合的力量才可易于避免随时随地威胁着人类生存的危难。……[1]

使**必然**和谐得到确定的人类理性并不是什么超验的东西:它所表达的无非是人类本性的力量,这种力量在每个人寻求"自身利益"的过程中展现并发展出来。如果说这种力量必然包含着上帝观念的话,那么这是因为人们的上帝观念直接起源于他们自己的活动。然而,理性本身还不足以定义人类本性:相反,斯宾诺莎在这里不断地强调,人类本性**同时**为理性和无知、想象和激情所定义。此外,人只有彻底掌握了他们本性的法则才能按照理性的指导共同生活,这意味着,人也会掌握**另一种**同样自然的**法则**。让我们进一步向上追溯一下斯宾诺莎的论述"链条",回头看看第四部分命题18-31。这些命题是命题35的证明的铺垫,它们表明,自然理性原则本身(它的"建议"[recommandation])对每个个体而言都意味着双重必然性,他必须不懈努力(conatus)保持其存在,同时还必须与自身有完全相同本性的别的个体联合在一起形成更强大的一个个体,以便对抗"完全违反他们本性的外部原因"。具体地讲,这两个必然性完全是一回事,都源于人的本质,即人保持其存在的欲求(第三部分命题6-9)。从这一点出发,斯宾诺莎断定将个人主义与社会性当作不道德与道德对立起来的那些教条都是荒谬的。但是此项证明为真的基础,全赖这样一

---

[1] 参见斯宾诺莎:《伦理学》,贺麟译,北京:商务印书馆,1997:194-195。译文有调整。——译注

个事实,即人是力量有限的自然个体、"个别事物",**就像可以在自然当中看到的其他无数个体一样。**

于是接下来我们就面临一组比初看上去复杂得多的论点:

1. **像所有自然个体一样**,人只要欲求自我持存,就会在人与人的"一致"当中获得直接利益;

2. **经验和理性**证明了社会的这个必然性,事实也确证了它;

3. **理性**,在这个意义上,是人的本性的组成部分;它并非从外部"输入"到人的本性之中;

4. 故此,人类本性**既不能只由**理性所定义(人类本性也还与普遍的、其界莫量的自然有关),**也不能全由**理性所定义(因为,人的欲求在本质上也包含着与理性方式相反的其他方式:源于激烈的感情的那些方式,会使人"不受理性指导"而受"冲动"指导)。

让我们接下来再看第四部分命题 37 的证明二,以同样的方式返回它的前件(即第三部分命题 29 - 35 以及第四部分命题 32 - 34)。我们会立刻发现这第二个证明"链条"显然涉及人类的"另一种"理性,也就是激情的各种机制(快乐与痛苦、希望与恐惧、爱与恨),它们表达的不是个体实现了对外部原因的相对支配性的自我持存力量,相反,表达的是对同一些外部原因的屈从;它们不是人借以认识何为其"自己的利益"的充分知识,而是人由于对自己本性的无知而给自己造成的印象。然而,人的激情生活,与理性生活类似,**同样源自人维持自身存在的斗争**:它表达了一种同样自然却"不充分"的人类欲求方式。我们能得出结论说**引发人与人之间永恒冲突的激情是社会性的反题吗?完全不能。**

斯宾诺莎向我们证明,**社会还有另一种起源**(或"产生方式"),这种社会从这些激情里、**在它们构成的条件中**形成,即便在此条件下该社会不会产生任何必然和谐。让我们切近地考察这一思想。

第四部分命题32-34说了什么呢?撮要如下:只要人们屈从于激情(它们表达的是相互矛盾的"感情"),那么人们共有的只能是薄弱无力(impuissance),只能是"否定性";我们不能说他们在本性上一致,因为他们没有共同利益目标。此外,这种情形使所有人共有最大化了的不稳定性和不确定性:他们不仅相互不能一致,连自己和自己都无法一致。在这儿,读者可能会想任何说教者都能开列出这些泛泛之论……但是,请注意这种不一致所具有的形式。此形式的基础是一种痛苦心理经济(économie psychique)(第四部分命题34及附释),也就是说,是个体对自己薄弱无力(impuissance)的意识,这种意识进而使个体既憎恨他人又憎恨自己。但人如果彻底孤立则不可能痛苦,也不会憎恨自己。更进一步说,人不会相互憎恨,除非他们**基于**对某对象的爱而生怕,除非他们希望除掉使他们因爱而生怕的那些外部原因——而首要的外部原因就是他人。只要以不同方式钟爱共同对象,人们则相互憎恨;只要人们之所爱对象不相兼容,他们则相互憎恨;最根本的是,只要人们以不同的方式想象他们共同钟爱着的对象(而这恰恰构成了人们的独特"天性"),他们则相互憎恨。

这里浮现了一个令人吃惊的观点:憎恨不仅**是**一种社会性激情(或关系性激情),而且是社会性、"**社会纽带**"的**一种形式**(尽管是一种矛盾的形式)。要理解这个论点何以是有道理的,我们就得看看第三部分命题31——它正是有关"国家基础"的(第四部分命题37)证明二的基础:

假如我们想象着有人对于我们所爱、所恨或所欲之物亦爱、亦恨或亦欲,我们便因而对于此物之爱、恨或欲求将更坚持下去。反之,假如我们想象着有人爱我之所恨,恨我之所爱,那么我们就会感受到心情的波动。

证明 假如我们想象着有人爱某物,(据第三部分命题27)我们便因而也将爱那物。但是现在假定我们先独立爱一物,继而想象着他人也同样爱那物,于是我们对那物的爱,又加上一个新原因,而我们对那物的爱因而也就加强了,因此我们对所爱的对象的爱情也就愈能坚持。再则,假如我们想象着有人讨厌某物(据第三部分命题27),因而我们也将避免某物,但是现在假定我们同时也爱那物,那么我们将既爱它又讨厌它。换言之,(据第三部分命题17附释)我们将感受到心情的波动或摇摆不定。此证。

绎理 从这一命题及第三部分命题28可以推出,每个人总是尽可能努力使他人爱其所爱,恨其所恨。……

附释 这种使人人赞同我所爱或所恨的东西的努力(conatus),其实就是"野心"(ambitio)(参看第三部分命题29附释)。所以我们可以看出,每个人生性总是欲求别人依照他的性情(ingenium)生活;但如果人人都这样欲求,那么人人都同样会互相阻碍,并且如果人人都欲求被所有其他的人所称赞所爱悦,那么所有的人都会陷于互相仇恨。[1]

有三个观念在这里密切关联在一起(它们之间的关联是强有力的,也是原创性的):关于**认同**的观念,认同是不同个体借助想象沟通他们相互感情的根本性心理机制;关于**矛盾情感**(ambivalence)的观念——矛盾情感从一开始就预示着快乐与痛苦、爱与恨等感情的出现——使每个人的精神(或心灵:animas)发生波动;最后则是有关**惧怕差异**的观念——对差异的惧怕使每个人努力克服那种波动——结果反倒让每个人无限地保持在那种波动状态当中。

这个分析极其重要:实际上它使社会性的全部难题性发生了移置。"同伴"——我们可与之认同、对之抱有"利他主义"情感、宗教上称之为"邻人",政治学上称之为"公民同伴"的其他个体——本身并不是天然存在的,就是说并不是一种直接的、既定的存在。毋宁说,"同伴"是通过想象性认同的过程被建构起来的,这过程被斯宾诺莎称为"感情模仿作用"(affectuum imitation)(第三部分命题27),此作用不仅对个体间相互承认起着作用,而且对形成作为个体激情的不稳定凝聚的"群众"也起着作用。人只要有着"相同的本性"就绝不可能是"同伴"! 但是他们却可以去成为"同伴"。激发了认同的是一种"外部原因",那就是以**他**

---

[1] 参见斯宾诺莎:《伦理学》,贺麟译,北京:商务印书馆,1997:124。译文有调整。——译注

人为感情对象的**想象**。但这种想象在深层是具有矛盾情感的：既具吸引力又让人厌恶，既让人感到放心又让人感到威胁。

因而，**这一个原因**构成了截然相反的行为模式——它们分别是爱与恨"社会化"了的行为模式——的起源（第三部分命题 32 附释）。一种行为模式是**和蔼**（"是只作使人喜悦之事而不作使人不快之事的欲求"[1]），它接近于**同情**（"是一种爱，此种爱使人对他人的幸福感到快乐，对他人的不幸感到痛苦"[2]）。而对立的行为模式则是**野心**（"是追求名誉没有节制的欲求，这种欲求主张并加强一切感情"[3]，"它是这样一种努力，即做一事与不做一事，目的只在要取悦他人，特别是当其率然取悦众人［vulgus］的欲望是那样的强烈，以致做某事或不做某事，会导致损害自己或损害他人的后果"[4]）。然而也正是野心直接导致了这样一种可能性，以确保——至少是暂时地——人们具有相同的趣味、相同的习惯、判断或意见（第三部分命题 29 附释）。正是在这种方式当中，**共同的善**也即共同的钟爱对象才是可以想象的。但是，这种共同的善从定义上与怕和恨是无法分离的，也就是说与对人所共避之恶的想象无法分离，与对别人以别的方式追求别的善而引发的伤害的想象无法分离（在这里可以想一想《神学政治论》中提到的"神

---

[1] 此处"和蔼"在文中作"Humanité"，在斯宾诺莎的《伦理学》拉丁文原文皆作"Humanitas"，中译本译作"和蔼"或"通人情"。参见斯宾诺莎：《伦理学》，贺麟译，北京：商务印书馆，1997：162，122。——译注

[2] 参见前引书，157。——译注

[3] "Ambitio"在中译本中译作"野心、好名或虚荣"。见前引书，162。——译注

[4] 见前引书，122。译文有调整。——译注

学上的憎恨"[1]）。

多亏了这两个证明链条，我们现在才能把握"邦国的基础"的异常复杂性。根据定义，关于作为公共利益的善的理性知识不会产生矛盾情感，不可能转变成它自身的对立面（这种知识是快乐的原因，而绝不会成为痛苦的原因）。相反，每个人想让别人"按着他自己的性情生活"或想让自己"按着别人的性情生活"的努力必定在爱恨之间波动。**社会性因而是真实的一致和想象所产生的矛盾情感的统一体，在这个统一体当中，无论是真实的一致，还是想象所产生的矛盾情感，都发挥着实在的作用效果。**或换言之：对立的统一（理性的认同与激情易变性的统一，而且还有个体

---

[1] 在《神学政治论》当中，斯宾诺莎多处提到"神学上的憎恨"。这种憎恨的一种起因是，对同一部《圣经》的不同阐释方式："人对于《圣经》所下注解就认为是神的纪事，率尔轻信为人所赞扬，以为是宗教的信仰，我对上述诸事曾仔细地加以思索，并且我注意到，在教会中和在国家中哲学家热烈地争论着，这是深切的仇恨与纷争的来源，骚乱可以立致，等等恶端，不胜枚举"，而另一种起因则是不同民族对"神"的不同想象和所实践的不同宗教仪式所造成的："希伯来人对于他们的国家之爱不仅仅是爱国之心，也是敬神之心，用每天的礼仪来养育，以致他们对于别的国家的仇恨必是已经深入于他们的本性之中了。他们每日都举行的礼拜不仅与别的国家的礼拜有所不同（由于他们是一个特殊的民族，并且完全与别的民族隔绝，自是不同的），而且是绝对相反的。这种一日复一日的斥责，自然而然地养成一种不可磨灭的仇恨，深深地长在心中，因为各种仇恨之中，以由于极度的虔敬而来的是最为深固的了。此种仇恨其自身即被人认为是敬神的。煽动这种仇恨，使之愈来愈甚，也不是没有一个总的原因，因为这是互为影响的；邻国对于犹太人其仇恨也是一样强烈的。"参见斯宾诺莎：《神学政治论》，温锡增译，北京：商务印书馆，1996：12，243。——译注

不可化约的独特性与人类行为的"类同性"的统一)也就是我们所说社会性的全部。至此,"社会纽带"和自然与人类制度之间的二者择一的选择等古典概念皆被证明无效。这就是第四部分命题37**两个附释**所表明的东西。要让这样一种统一有效地存在,就必须有能够将个体的各种感情集中起来,能够牢固地定义善与恶、公正与不公正的公共意涵,能够把个体借以联合众力确保自我持存的方式确定下来,进而对个体的爱恨行为活动予以范导的一个权威(potestas)。总之,**社会必然就是国家**(此处原词为 civitas),这两个概念指称的仅仅是一个现实。我们不能说人"天生"就是社会的,但却可以说人总是已经社会化了的。我们不能说国家是"反自然的",同样也不能将国家表述为纯然的理性建构,或是自然的普遍秩序在人类事务之上的投射。社会和国家构成的只是一种想象性的同时又是理性的关系,人类个体的独特天性通过这种关系得到表达。

何为服从?

在斯宾诺莎的全部著作——无论是《神学政治论》《政治论》,还是《伦理学》——当中,根本性的社会关系从来都是服从的生成,而国家的历史也即服从的兴衰史。我们现在有条件就这个概念给出充足的定义吗?我们最终怎么来理解对社会即国家进而也即服从作出断言的哲学的意义呢,自由只有在社会之中才能实现吗?这在我们看来难道不像是"自愿奴役"的一种绕弯子的借口吗?

在回答这些问题之前,我们再来看看《伦理学》中的一些命题,并非偶然的是,这些命题一直都是有关斯宾诺莎著作的争论焦点。斯宾诺莎已经使自然与制度的传统讨论发生了移置,与此类似,他也使奴役与自由的传统论述发生了移置。自亚里士多德至笛卡尔的传统——该传统实际上还远未穷尽——实际上努力去理解的是使某些人屈从于另一些人的服从关系(奴隶对主人、妻子对丈夫、儿童对父亲、臣民对君主的服从),因而该传统必须首先理解身体对心灵的服从,也就是说,首先理解心灵(或头脑)统治身体的"自主"力量。[1] 命令首先就是**意愿**,进而是意愿对身体的"征服"。而服从则是心灵承认他人意愿并使之——无论是自愿地,还是被强迫地——成为"自己的"意愿后所形成的观念对身体的驱控。然而还有未解之谜:心灵是如何对身体产生作用的呢?心灵是如何"命令"身体的动作的呢?

对这个看似无解的问题,斯宾诺莎给出了一个极端的回答:**心灵不作用于身体,正与身体不作用于心灵相同**。"身体不能决定心灵,使它思考,心灵也不能决定身体,使它动或静,更不能决定它使它成为任何别的东西,如果有任何别的东西的话。"(《伦理学》第三部分命题2)[2] 确乎如此的是:

---

[1] 在《社会契约论》的第一个版本当中,卢梭重申:"正像在人的构成方面,灵魂对于身体的作用问题乃是哲学的尖端;同样在国家的构成方面,普遍意志对公共力量的作用问题则是政治学的尖端。所有立法者都失焉不查……"(也见《社会契约论》第三卷第一章)《社会契约论》第一版即"日内瓦手稿",此引文中文可参见卢梭:《社会契约论》,何兆武译,北京:商务印书馆,1980:41。——译注

[2] 见斯宾诺莎:《伦理学》,贺麟译,北京:商务印书馆,1997:99-100。——译注

很难相信,如果没有一个基于经验的证明,人们便可对此给以冷静的评价;他们是那样地坚决相信,身体的或动或静,可以完全唯心灵之命令是听,并且相信身体的许多动作只是依赖心灵的意志和思想的力量。其实,身体究竟能做什么事,以前还没有人曾经规定过,……由此可见,如果有人说身体的这一行动或那一行动起源于心灵对身体的统治权(imperium),那么,他们就不知道他们所说的是什么,他们的这种说法实无异于用虚夸的话自己承认他们对于这种行为的原因毫无所知……[1]

但也必须承认,若依照斯宾诺莎分析自然因果性的那种方式(第二部分命题7-9,命题21及附释),心灵中观念的**顺序**("次序和联系")与身体活动的顺序**相同**,心灵施加于其自身激情的力量的任何增长,都对应着身体活动力量的增长(第二部分命题13附释,命题39绎理;第三部分命题11及附释;第五部分命题39)。我们将这个提法当作一个公理接受下来,其证明的基础是斯宾诺莎的自然观念。在这种自然观念看来,"心灵"和"身体"不是两个截然不同的"实体",而是"一回事"(在这里,它们是同一个个体),不过有时候被理解为一套观念(按照斯宾诺莎的说法,"借思想这一属性"被构想),有时候则被理解为一个物质复合体("借

---

[1] 见斯宾诺莎:《伦理学》,贺麟译,北京:商务印书馆,1997:100-101。——译注

广延这一属性"被构想)。[1] 这就导向了将**心灵**规定为**关于身体的观念**的定义(第二部分命题 11－13,命题 15－21;第三部分命题 3)。这个论点的关键性后果在于,不再想象身体消极被动而心灵积极主动,或是相反,而必须想象积极主动性或消极被动性同时属于心灵和身体。我们现在要问,这种一元论的人类学论点——它消除了一切等级原则[2]——是怎么与社会性和国家的相关分析关联起来的。

在《神学政治论》当中,服从的持久性与"心灵的内部活动"联系在一起(《神学政治论》,278)。[3] 但他并不满足于这个概括。他还曾以相当大的篇幅将服从描述为一种行为、一种生活,更确切地讲,一种实践(《神学政治论》,101 以下,294 以下)。[4] 这种实践是什么造成的呢? 首先,是身体活动对有组织的仪式

---

[1] 见《伦理学》中译本第 49－50 页:"存在于自然界中的圆形与在神之内存在着的圆形的观念,也是同一的东西,但借不同的属性来说明罢了。所以无论我们借广延这一属性,或者借思想这一属性,或者借任何别的属性来认识自然,我们总会发现同一的因果次序或同一的因果联系,换言之,我们在每一观点下,总是会发现同样的事物连续。……当事物被认作思想的样式时,我们必须单用思想这一属性来解释整个自然界的次序或因果联系;当事物被认作广延的样式时,则整个自然界的次序必须单用广延这一属性来解释,其他的属性亦同此例。"——译注

[2] 这里的意思是,"消除了一切心灵与身体之间的等级原则"。——译注

[3] "服从不在于外表的动作,而在于服从的人的内心状态。"见斯宾诺莎:《神学政治论》,温锡增译,北京:商务印书馆,1996:227。——译注

[4] 详见《神学政治论》第五章、第十七章与"服从宗教仪式""服从主权统治"相关的内容。——译注

的顺从,这种仪式是一种集体性纪律,能周期性地将身体带回到同一些基本姿态当中,通过现场感使之加强为习惯。在心灵中与这种身体活动的顺从相应的是一连串观念对一些行动和思维模式的顺从,这些行动和思维模式是由被视为启示性真理的历史掌故和道德典故提供的。纪律与记忆,或者说重复与时间性想象,构成了顺从这一纸的两面。它们实际上源于由恐惧与希望、威胁与应许、惩罚与奖励结合而成的同一种情感情结。服从意味着生活在这套感情情结之下(反之,违背、侵越律法亦然)。

《伦理学》的命题深化了这个分析。说服从实践包含着恐惧与希望,也就是在说服从的主体——他的身体与心灵统一于同一个"欲求"之中——想象了一个高踞于他之上的力量。他之所以**能持久地**服从,必定因为那个发出服从命令的主体所拥有的力量在他看来**要多大就有多大**。服从的主体感到了恐惧,甚至能够想见到陈述律法的一个意志的存在,但这也还是不够的:他必须将这个命令主体想象为全能的,并且首先在他自己看来是全能的,只有这样,他的命令才容不得半点犹豫,他的变体才容不得半点怀疑。换言之,这个命令主体必须被想象成在不受任何外部决定制约的意义上来说的"自由"主体。但当人们如此想象这种自由的力量的时候,首先想象的是他们自己,继而是根据从自身得来的观念对他人的想象,最终才想象出一个神,按照人的模型被构想成为一个至大力量的神。然而再也没有比这更具矛盾情感的想象了:

> 对于一个我们想象以为自由的东西的爱和恨,按照同样的原因,必较大于对于一个必然的东西的爱

和恨。

> 我们想象以为自由的东西(据第一部分定义7)必是通过自身而不假借他物而被认知的东西。所以如果我们想象着这种自由的东西是快乐或痛苦的原因,那么我们将因此(据第三部分命题13附释)爱它或恨它,并且(据第三部分命题48)将以从那一种情感所能产生的最大的爱或恨去爱它或恨它。反之,如果我们想象着引起情感的原因是一个必然的东西,那么(据第一部分定义7)我们将想象着它不是引起某种情感的唯一原因,而是与别的东西联在一起为这种情感的原因。所以(据第三部分命题48)我们对它的爱或恨将会较少些。此证。(《伦理学》第三部分命题49)[1]

如果我们将命令主体想象为是在这个意义上自由的,那么我们就会将其视为我们对其服从与否所招致的善恶后果的唯一负责人。这样,**对他人的自由的想象**会使服从于人所具有的矛盾情感效果成倍地增长:这就解释了群众对行使统治的人的态度何以总是摇摆于爱憎之间。**反过来说**,这也解释了最稳定的国家总是这样一种国家,其公民彻彻底底地相信(因制度形式之故,尤其是因制度运作方式之故)管理着他们的人并非"全能",而是实际上在其决策中受着某种普遍必然性**支配**。

此外,这也解释了宗教作用当中的矛盾情感。当我们将上帝

---

[1] 见斯宾诺莎:《伦理学》,贺麟译,北京:商务印书馆,1997:137。——译注

想象为我们恨他乃是不可思议之事(否则将沦入不可忍受的极大苦痛之中)的立法者或主人的时候,此情感的反向运动所产生的不确定感(第三部分命题 18 及附释)便告消除,进而与爱伴随而生、类同于爱的那种恨也告消除(第三部分命题 17 及附释):我们抱有无限恨意的只能是我们自己和他人;因而就有了宗教上的痛苦、谦卑以及"神学上的仇恨"。如果我们从另一方面——即理性的定义方面——将**上帝构想成必然**,构想成非人格总体性的自然本身的话,那么对上帝的"愤怒"的全部恐惧便告消失。这样一来我们感受到的对神的爱即《伦理学》第五部分所称之"对神的理智的爱"(第五部分命题 20,32-33)。我们随即不再将神感知为命令主体。继而我们才能爱他人,他们不再是我们想象中的自由主体,也不再是对他们的造物主顺从或背叛的受造者,而是对我们极有益因而也最必需的自然存在者:看似悖论的是,这样一来才能使我们和他人最大可能地摆脱激情依赖性。这被斯宾诺莎称为友爱(第四部分命题 70-73)。

这两个思想——将上帝构想为必然的思想,兼爱众人进而出于互惠而追求友爱的思想——对伦理学产生了直接的影响。这两个思想是不可分的,因为实际上它们决定着同一种身体与身体之间的关系——它是这样一种关系:服从在这种关系之中,当爱与理性占据了恐惧与迷信的上风之时,则总是倾向于消解服从的效果。这两个思想已经支撑着《神学政治论》和《政治论》的论证,尽管支撑方式不尽相同。斯宾诺莎描述过一种民主社会的组织,在那里(只凭自身利益行动的)主权者保证了言论表达的自由,而其宗教则采用了在每个人那里得到内化的普世信仰形式——在做这样的描述的时候,他显然是将这种关系推到了极限。纪律的全部要素,连同与之相伴随的对惩罚的畏惧,皆在国家一边,而这种纪律又总**趋于**与共同利益的集体建构相吻合(因此之故,这类纪律的要素总是具有契约形式)。希望的全部要素,连同与之相伴随的对得救故事的确信,皆在(真正的)宗教一边,而这种宗教又总**趋于**与伴随着行善与爱邻人所产生的确定感相吻合。这两种"生活方案"(ratio vitae:《神学政治论》,67,221,233-234 等处)[1]在实践中不可分离,但又不完全融合在一起。毋宁说,它们各自的功效——一方是法律与命令的形式,另一方是人的互爱情感力量——实现了互换。因为基督徒也是生活在国家中的公民,他们便倾向于将他们的内在信仰(fides)视为法律;因为公民也是皆互以"邻人"视之的信仰者,所以他们对法律的服从也具有了坚固的忠诚(也是"信义[fides]")的形式。

然而我们可以认为这种巧妙的配置向来都是被误解的。服从的集体规范不会废止,而是恰恰相反,因为服从的集体规范终究都存在于行动对某规则的顺从之中,而无论实现这一顺从的动机和手段如何——这是斯宾诺莎指出过的(《神学政治论》,

---

[1] 见斯宾诺莎:《神学政治论》,温锡增译,北京:商务印书馆,1996。在此中译本中,"ratio vitae"有时译作"生活方案",有时译作"生活方式"。见第 66 页:"法律既是人为某种目的给自己或别人定下的一种生活方案,就似乎可以分为人的法律与神的法律。"第 191 页:"证明上帝借预言家只要人知道他的公正与博爱,那就是说知道他的性质,这些性质是某种生活方式就能使人模仿的。"第 199 页:"Ⅳ. 凡以顺从上帝为生活方式的人都能得救。"——译注

278－279）。[1] 实际上，对他人的自由的想象所造成的冲突与暴力只有在经过调和之后，才能为每个个体打开最大可能的真正自由的领域，而要实现这一点，就必须设想群众已经控制了他们的激情，也就是说，已经实现了他们自己的"内在"解放。这种设想方式岂不意味着我们面对的难题实际上早就解决了吗？这岂不是一种乌托邦妄想吗？

意味深长的是，《政治论》直截了当地拒绝了所有此类乌托邦，与此同时强调了服从与自由两个概念之间不可化约的对立（《政治论》第四章第5节）。使服从本身消失而代之以自由仅仅只是一种神话。真正的自由是力量和独立性的同义词，而服从总意味着依赖性。但也正是在这里又出现了一个引人注目的辩证

---

[1] 见《神学政治论》中译本第227－228页："有一事使此点更加明白，即服从不在于外表的动作，而在于服从的人的内心状态；所以凡全心全意决心以服从另一人的命令的人是最受别人统治的人。因此之故，最坚强的统治是属于最能左右国民之心的统治者。如果最让人怕的人有最坚强的统治，则最坚强的统治是属于一个暴君的国民，因为这些国民总是很为他们的统治者所畏惧。还有一层，虽然完全统治人心像完全统治人的喉舌一样，是不可能的，可是，在某种范围内，人心是受统治者的控制的，因他有许多方法能使他的大多数的国民在他们的信仰、爱憎方面要顺从他的意愿。虽然这些情绪不是一有统治者的明令就会发生，经验上证明，这些情绪往往是统治者的权能的威力与其指挥的结果；换言之，是因他的权利而发生的。所以我们可以认为，在信仰，爱憎，轻蔑与所有其他的无论什么情绪方面，人是遵循他们的统治者的煽动的。我们这种想法是不与我们的理解力相违背的。按照这种想法，虽然政府的权限很大，可是永远不会大到掌握此权的人的每一愿望都能实现的地步。我想我已把这一点说得十分明白。"——译注

法:理性在其自身之中并不做出任何"命令",它只指明一种规则化的国家,这种国家能够自我持存,并且是一切有效的功利追求的条件。在理性引导下,个体必然希望这样的国家存在,他们也将会以与其他公民相同的方式服从这个国家。相应地,这种"绝对的"——在我们已经定义的意义上的"绝对的"——国家将首先以它自身的持存为目标。从这种国家的角度来看,个体的服从是出于恐惧还是出于爱当然是无关紧要的。但是,要让个体持久服从,国家就必须确保他们的安全,确保国内和平,而且确保其不得侵越不可化约的最基本的个体性。这种"绝对"的国家的全部组织方式,正如我们已经看到的那样,倾向于使实际各自为激情所驱动的人们显得**仿佛**像是被理性所驱动而行动**似的**(《政治论》第十章第 4—6 节)。在这个意义上我们可以说,集体合理性必然同时兼容了下愚(individus les moins raisonnables)和上智(celle des plus raisonnables)——无论他们是统治者还是被统治者——的服从以为其可能性的条件。正是公共规则让大众的激情凝结于知识(或理性)的外观之中,而每个人实则都隔绝在他自身当中,理性因而实际上也是无力的。

这样我们就知道斯宾诺莎有关服从及对服从的克服的命题在孤立的个体层面上讲是毫无意义的,除非借助暂时的抽象。与身体的活动相类似的观念的"顺序"将自然中的个体联合起来,即便这些个体所受的支配方式永远不可能完全被看清。个体之所以有时消极被动,是因为他的心灵为集体想象的感情与"普遍观念"之流(与我们所描述的情感化"想象"过程相同)所裹挟。当此之时,他的身体屈从于周围身体所生成的不可控制的压力。而当个体积极主动之时,则必定是因他与他人身体之相遇由协调一致的方式得到了组织,他们心灵中的观念依据"共同观念"实现了联合。这里的"共同观念"有双重含义:既为所有人所共有,又为人与自然所共有(也即客观的)。**在消极被动形式与积极主动形式的这两种情况当中,我们都碰到了交往的模式:个体性究竟呈现为哪一种形式,则直接是一定交往模式的结果。**在这一概念上,我们可以窥见或许堪称斯宾诺莎思想当中最深刻的东西。

"伦理学"与交往

必须做一重申。围绕对法律的服从很典型地出现了三个难题:服从法律的心理(或身心)机制是什么?服从、恐惧(或强制)与爱的关系是什么?服从与认识的关系是什么,以及相应地在"明智"与"无知"之间、在知识与权力之间存在着什么关系?**对斯宾诺莎来说,**这三个难题实际上无非是有着同一个答案的同一个问题。归根到底,激情与理性是身体与有关身体的观念之间的交往方式。同样,政治制度应该被理解为交往的制度:有些是冲突和不稳定的,而另一些则是协调和稳定的。毋宁说,在某些制度当中,冲突的方面倾向于压倒它们的协调,而在另一些制度当中,协调则趋向表现得比冲突的趋势更强大。

实际上,现实中的所有国家都在自身当中包含着这两种倾向,于是就有着两种极端情况的国家,斯宾诺莎用"野蛮"和"由理性引导"的人组成的联合体的假说来指称着两种极端情况。众多个体出于对一个主人——其权威既是现实的,也是想象的(想象成分大于现实成分)——的共同恐惧而交流着同一种情感,而且那个主人本身也生活在对惧怕他的人的恐惧之中,那些个体体验着类同厌恶的痴迷和类同痴迷的厌恶,但却没有真正的共同对象。因而他们之间的交往是最低限度的,不过这种交往却产生了巨大的喧嚣,而社会的这种状态只是在名义上区别于"自然状态"。群众是孤独的同义词(《政治论》第五章第4节;第六章第4节)[1],而任何一致性都不足以抵抗潜在的对抗。然而,如果说邦国是镇压性的话,它毕竟也容纳了"某种共有的东西"(《伦理学》第四部分命题29)[2]。即便在不存在共有之善的地方(撇开如下事实不谈:从写作《知性改进论》以来,青年斯宾诺莎就用"善"来指称一种"可交流的善",当然,那时他还没有能充分展开这个提法的全部意义),每个人也毕竟都是借助他人的力量才开始得以尽可能地增强自己的力量的,这样也会产生出一种客观的团结。严格地讲,没有两个个体是"相同的",每个个体都有自己的"性情",群众因而意味着交换(在该词最广泛的意义上来说——财产的交换仅是它的一个方面),也意味着不可化约的独特性之间的自由交往。

结果就是两套思想及运动之间的持久对抗。但是**只要我们将这种对抗想象成静态结构的,它就将是毫无意义的**。实际上,这种对抗恰恰是毫无预订目标地改造着他们自己的集体"性情"

---

[1] "一个其国民由于恐惧而不敢造反的国家与其说享有和平,不如说没有战争更恰当一些;因为和平不只是没有战争,而且也是建立在精神力量之上的德性";"如果奴役、野蛮和荒芜都冠以和平的美名,那么,和平就成了人类所遭受的最大不幸"。见斯宾诺莎:《政治论》,冯炳坤译,北京:商务印书馆,1999:42-43,47-48。——译注

[2] "某种共有的东西",贺麟译本《伦理学》第189页译作"共同之点"。——译注

的个体们之间的斗争。于是显而易见的就是,如果我们以一种"保守主义"的方式去解释斯宾诺莎有关政治体的"维持"的概念就是完全错误的!相反,政治体——由众多个体组成的一个个体——越多地形成自己的力量,社会关系实际的-想象的复杂性,如斯宾诺莎所构想的那样,也就越多地表现为运动原则。服从本身(及其集体性表现——"法律"),在被国家、宗教、道德制度化的过程中,并不是一劳永逸地给定的,而是有着持续变迁过程的一个基轴。更确切地说(既然演化从来不是被事先确定的):服从是个实践问题(斗争问题?),其决定性的契机就是交往模式本身的演变。

斯宾诺莎将这种实践定义为个体在绝大多数情况下受其激情支配的行动被**理性**——理性表述着个体的必然性——所引导的一种努力(《伦理学》第四部分命题59)。事实上,最有效的交往形式正是通过理性认识而产生的那种交往形式。个体的理性本身力量太弱,因而总是转而求助于激情,而激情本身就是坏的(也就是说,这些激情是骄傲、野心、自卑等等这类不幸的原因)。通过这种方式,一些情感才能战胜另一些情感,群众才能受到规训(《伦理学》第四部分命题55,58)。而认识则是交往的一个持续改进的过程。它扩大着所有每个个体的力量。当然,某些个体比其他个体认识得要多。但是我们不仅反对"哲人王"的思想(反对把权力分配给知识卫护者的形形色色的思想),同样反对"通过知识而得救"的思想,在这两种思想当中,"知识"都被构想为抵御世上一切邪恶的思辨堡垒。如果将斯宾诺莎所说的加以引申的话,那么可以说,这两种思想共有的假设前提是,认识与实践像在数量上截然可分的两种力量那样联系在一起,知识仿佛是一个

"国中之国"似的。在这里要注意,在分析了"神权政治"迷信制度中对知识的使用(和歪曲)之后,斯宾诺莎并没有宣称,**单靠理性知识**就能在有知识的人与无知的人之间建立起一种服从关系。显然,那样只能使理性知识再次变成迷信,哲学家和科学家也就成了它的神学家和高级教士。

可是,《神学政治论》曾顺带指出过语言至少包含着一种要素,该要素的完整性——词语的意义——是不能化简为神学家的操纵的,因为"保持语言,一般大众与有学问的人是一样的"(《神学政治论》,146)。[1] 这就是说,词语的意义是由"学者"和"无知者"在相互交往过程中对词语的共同使用所决定的。

《伦理学》通过对前后相继的"知识类型"(想象、科学的理性和"对上帝的理智之爱")的形式分析,帮助我们确立了这种观念。知识始于在描述与叙述中对语言词语的使用。第一类知识从本质上说是不充分的,因为它的工作原则是对每个个体不可化约的经验(情感、记忆和感情)加以化约,它借助的是"共同名称",或者说,是抽象和普泛的概念(《伦理学》第二部分命题40及附释)。后两类理性知识将我们带离语言的这种共同要素,使我们进入到一种"不可交流"的洞察当中(尽管斯宾诺莎仍然继续沿用"**直观知识**"这个旧词来指称对有着它们固有原因的独特事物的解释)。然而,恰恰正是理智的工作才能让词语的第一种使用得到修正,才能让词语与词语之间按照自然必然性连结起来(《伦理学》第二部分命题18及附释;第五部分命题1):正是理智的工作才明确地建立起来**共同观念**。因而就可以这么来确定群众生活中知识所

---

[1] 斯宾诺莎:《神学政治论》,温锡增译,北京:商务印书馆,1996:116。——译注

起的作用:如果说没有人能独自思考的话,那么我们也能说,**实事求是地思考就意味着尽量少地在孤独中思考**,这是不以真观念为某些个体所掌握为转移的。况且,**所有**个体都至少掌握着一种"真观念"(这种"真观念"之所以有效,是因为它包含着自由与行动力量相对等的萌芽),它也可以与其他个体掌握的其他"真观念"连结起来(《伦理学》第二部分命题43,47)。[1] 政治社会固有一种力量,能将生活意义本身改造得更为"属人",也就是说,改造得更为幸福。

因为社会生活是一种交往活动,知识有着**双重**的**实践**维度:一个维度与条件相关,而另一个维度则与效果相关。斯宾诺莎认为交往是通过无知与知识、迷信、意识形态对抗之间的关系结构起来的,这些关系当中灌注着人的激情,这些关系也是我们身体本身活动的表达,如果我们同意斯宾诺莎的这个观点——而只要我们同意的话,我们也就必须承认,认识是一种实践,争取知识的斗争(也就是哲学)是一种政治实践。如果没有这种实践,《政治论》中有倾向性地描述的民主决策的过程就是不可理解的。于是,我们也就明白了斯宾诺莎的民主观的本质方面何以存在于交往自由当中。我们还明白了,"政治体"理论何以既不是简单的权

---

[1] "具有真观念的人,必同时知道他具有真观念,他决不能怀疑他所知道的东西的真理性";"人的心灵具有神的永恒无限的本质的充恰知识";"许多争论所以起源的原因,即不是由于人们没有将他们的思想表达清楚,便是由于对别人的思想有了错误的了解。因为当他们彼此辩争得最剧烈时,究其实,不是他们的思想完全相同,就是他们的思想自始即互不相干,没有争辩的必要,所以他们认为是别人错误而且不通的地方,其实并不是如此"。见斯宾诺莎:《伦理学》,贺麟译,北京:商务印书馆,1997;81,86,87。——译注

力"物理学",亦非驯顺民众的精神分析,而是对集体解放的策略的探求,其他的座右铭可以表达为这样一点:**尽可能多地去进行最大可能的思考**(《伦理学》第五部分命题 5-10)。最终,我们也就明白了,哲学家应设定的目标为什么不是酝酿或预言革命,而是去冒一个风险,即以他公众的全部视角去思考。实际上,许许多多的革命还从未冒过这样的风险。

文献书目

较之其他哲学,斯宾诺莎的哲学三个世纪以来更多地激发起了种种讨论和互相矛盾的阐释。斯宾诺莎文献是难以计数的。我们在这里仅限于补充列出那些或多或少较充分地被阅读的或是人们更易去探讨的著作,另外,在行文中我以"＊"号标出那些最易得到的著作。

就这点而言,近期出版了两部与我所采用的视角不同的介绍斯宾诺莎主义的篇幅短小之作:＊皮埃尔·弗朗索瓦·莫罗:《斯宾诺莎》,"永远的书写"丛书,色伊出版社 1975 年版(Pierre-François Moreau, *Spinoza*, coll. «Ecrivains de toujours», Editions du Seuil, 1975);＊吉尔·德勒兹:《斯宾诺莎的实践哲学》,子夜出版社1981 年版(Gilles Deleuze, *Spinoza philosophie pratique*, Editions de Minuit, 1981)。

遗憾的是,在法国还没有类似的作品能与赛文·德·弗里斯的《斯宾诺莎自我证言与画传》(Theun de Vries, *Spinoza in Selbstzeugnissen und Bilddokumenten*, Hambourg, Rowohlt Taschenbuch, 1970)这样的小传记相媲美。希望对斯宾诺莎生平、他的历史背景以及他与之保持着密切关系的意识形态传统有所了解的读者们,现在有一个不可替代的工具:＊迈因斯麦:《斯宾诺莎和他的圈子》的法译本(Meinsma, *Spinoza et son cercle*, Vrin, 1983),该译本经过了法国与荷兰研究者的扩充,以贴近当代的方式译出。除了叙事生动之外,它还包含了斯宾诺莎与犹太社群之间、与"二次宗教改革"思潮(索齐尼派、社友会派和千年圣世派)之间关系的详细考订的注释。*L. 穆尼耶-波雷:《斯宾诺莎的政治哲学》(L. Mugnier-Pollet, *La philosophie politique de Spinoza*, Vrin, 1976)概括确当,尤其有价值的地方在于相当清楚地根据对斯宾诺莎的文本的阐释,总结了斯宾诺莎面临的联合省内的神学与政治矛盾,以及这些矛盾的种种前因。马德琳·弗朗塞的著作之一《斯宾诺莎在 17 世纪下半叶的荷兰地区》(Madeleine Francès, *Spinoza dans les pays néerlandais de la seconde moitié du XVIIe siècle*, Alcan, 1937)已经受到了广泛的讨论,而且在观点上与迈因斯麦相左,该著包含的材料里不乏一些有关斯宾诺莎与其国家政治形势之间关系的挑战性问题。

如果你想对 17 世纪荷兰历史有更深入的或更新的了解,首先应参考*法国大学出版社"新克里奥丛书"中所收皮埃尔·让宁著《17 和 18 世纪的西北欧与北欧》(*L' Europe du Nord-Ouest et du Nord aux XVIIe et XVIIIe siècles*, PUF, 1969, coll. «Nouvelle Clio»)(此著的优点在于描述荷兰历史时平行描述了英国的局势)。有关执政者党派的思想与行动等关键问题更为完整的著作:普林斯顿大学出版社 1978 年出版的赫伯特·H. 罗文所著《荷兰总理詹·德·维特:1625—1672》(Herbert H. Rowen, *John de Witt, Grand Pensionary of Holland*, 1625—1672, Princeton University Press, 1978)。伊曼纽埃尔·华勒斯坦分析过列强战争期间联合省所起的作用,见其著作《重商主义和欧洲世界经济的巩固 1600—1750

年》(Immanuel Wallerstein, *Le mercantilisme et la consolidation de Véconomie-monde européenne*, 1600—1750, Flammarion, 1984)。第二章"荷兰称霸时期",亦可参看费迪南·布劳代尔的《15 至 18 世纪的物质文明、经济和资本主义》第三卷"世界的时间"(Fernand Braudel, *Civilisation matérielle, Economie et Capitalisme* [XVe – XVIIIe siècle] t. 3, *Le temps du monde*, Armand Colin, 1979)第三章"城市统治下的欧洲旧经济:阿姆斯特丹"。

纯粹政治方面可参考:*罗贝尔·曼德鲁所著由费亚尔出版社出版于 1977 年的《"绝对主义"欧洲、理性和国家理性 1649—1775》(Robert Mandrou, *L'Europe « absolutiste »*, *Raison et Raison d'Etat* 1649—1775, Fayard, 1977)。我们要了解这个历史背景当中的马基雅维利的思想后裔,就必须去参考弗里德里希·梅尼克的经典著作《近代史中国家理性的观念》的法译本(Friedrich Meinecke, *L'idée de la Raison d'Etat dans Vhistoire des Temps modernes*, trad. franc., Droz, Genève, 1973),该著中有专门的章节论述格老秀斯、霍布斯和斯宾诺莎。1938 年剑桥大学出版社出版的道格拉斯·诺布斯著《神权政治与宽容》(Douglas Nobbs, *Theocracy and Toleration*, Cambridge University Press, 1938)一书详尽论述并分析了阿明尼乌派与戈马尔派之间的斗争。对 17 世纪异端和神秘主义宗教思潮——尤其是荷兰国内的这类宗教思潮——的详尽研究和激情阐释,是莱斯泽克·克拉科夫斯基《没有教会的基督徒》一书的目标所在,该书的法文版由伽利马尔出版社于 1969 年出版(Leszek Kolakowski, *Chrétiens sans Eglise*, trad. franc., Gallimard, 1969),我在正文中对该著有所征引。法国大学出版社 1982 年再版的保罗·维尼埃的《斯宾诺莎与大革命前的法国思想》,是有关斯宾诺莎(尤其是《神学政治论》)对后一个世纪所产生的深刻影响的主要研究著作。

现在再列出侧重或主要探究政治问题和神学问题的一些斯宾诺莎哲学研究著作或批评文集(它们是在法国均可找到的),我在提出我自己的观点的过程中,从这些著作里得到了很多启发。

法国大学出版社 1983 年出版的米什莱·贝特朗的《斯宾诺莎与想象》(Michèle Bertrand, *Spinoza et l'imaginaire*, PUF, 1983)。该著在这一方面是目前仅有的:它研究斯宾诺莎理论中想象的动力机制和社会功能,并通过与弗洛伊德理论的比较而对这些问题加以说明。

斯坦尼斯拉斯·布列东的《斯宾诺莎,神学与政治》(*Spinoza, Théologie et politique* Desciée, 1977)。该著持严格的神学观点,但又绝不保守。

1968 年子夜出版社出版的吉尔·德勒兹的《斯宾诺莎与表现难题》(Gilles Deleuze, *Spinoza et le problème de L'expression* Minuit, 1968)。此著极为艰深,读者可以先从结尾部分第十六章"伦理的世界视域"读起。

子夜出版社 1969 年出版的亚历山大·马泰隆的《斯宾诺莎论个体与社群》(Alexandre Matheron, *Individu et communauté chez Spinoza*, Minuit, 1969);马泰隆在 1971 年于奥比埃-蒙田出版社出版的《斯宾诺莎论基督与无知者的得救》(*Le Christ et le salut des ignorants chez Spinoza*, Aubier-Montaigne, 1971)。马泰隆以惊人的精确性从斯宾诺莎体系的原则当中推导出斯宾诺莎的政治学,全面地呈现了个人观与国家观之间的关系。在介绍中,我冒险颠倒了一下顺序。

法国大学出版社 1982 年出版的安东尼奥·奈格里的《野性的反常:斯宾诺莎那里的力量与权力》(Antonio Negri, *L'anomalie sauvage, puissance et pouvoir chez Spinoza*, PUF, 1982)。该著将斯宾诺莎形而上学与辩证法传统先对立,并且把"群众/诸众"概念置于斯宾诺莎形而上学的核心地位,从而以新颖的方式对斯宾诺莎做出了解读。

奥比埃－蒙田出版社 1984 年出版的安德烈·托瑟尔的《斯宾诺莎或奴役的黄昏》(André Tosel, *Spinoza ou le crépuscule de la servitude*, Aubier-Montaigne, 1984)。该著将《神学政治论》作为以宗教意识形态的具体分析为基础的"自由哲学的宣言书"予以考察。

西尔万·扎克 1965 年在法国大学出版社出版的《斯宾诺莎及其著作阐释》(Sylvain Zac, *Spinoza et l'interprétation de l'écriture*, PUF, 1965),在了解斯宾诺莎之前应先了解圣经的历史批判与解经学之间的关系,该著作就是有关这一问题的必读书;扎克于 1979 年在弗朗出版社还出版了《斯宾诺莎著作中的哲学、神学与政治》(*Philosophie, théologie, politique dans l'œuvre de Spinoza*, Vrin, 1979),此书为文集,其中收录的文章可以单篇阅读:对《神学政治论》当中犹太人国家"模式"的分析尤为出色。

最后,我还要列出为数不多的几篇文章,它们对我仓促谈及的一些问题做出了探讨:

玛德莱娜·弗朗塞的《斯宾诺莎的道德与加尔文主义的宿命

论教义》,载于《宗教史与哲学学刊》1933 年 4 - 5 期 (Madeleine Francès, La morale de Spinoza et la doctrine calvinienne de la prédestination, *Revue d'histoire et de philosophie religieuses*, 1933, n° 4 -5)。

亚历山大·马泰隆的*《霍布斯与斯宾诺莎那里的政治与宗教》,载于"马克思主义研究中心"主编的《哲学与宗教》,社会出版社 1974 年版(Alexandre Matheron, * Politique et religion chez Hobbes et Spinoza, in cerm, *Philosophie et religion*, Editions sociales, 1974);《斯宾诺莎主义民主制度当中的妇女与官吏》,载于《哲学学报》1977 年第 2,3 期[现又再版刊于《17 世纪的人类学与政治(斯宾诺莎研究)》,弗朗出版社 1986 年版,此书中还收入了一篇重要文章《斯宾诺莎与托马斯主义政治学的瓦解》](Femmes et serviteurs dans la démocratie spinoziste, in *Revue philosophique*, 1977, nos 2 et 3 [aujourd'hui réédités dans *Anthropologie et politique au XVII siècle (Etudes sur Spinoza)*, Vrin, 1986, qui contient également l'article essentiel « Spinoza et la décomposition de la politique thomiste»])。

艾米利亚·吉安柯提 - 波歇里尼的《斯宾诺莎那里的自由、民主与革命》,载于《启蒙研究学刊》1978 年 1 -4 卷(Emilia Giancotti-Boscherini, Liberté, démocratie et révolution chez Spinoza, in *Tijdschrift voor de Studie van de Verlichting*, 1978, n° 1 -4);《现实主义与乌托邦:斯宾诺莎政治哲学中政治自由的边界与解放的前景》,载于 C. 德·迪欧特主编的《斯宾诺莎政治思想与神学思想》,北荷兰出版社 1984 年版 (Réalisme et utopie : limites des libertés politiques et perspective de libération dans la philosophie politique de Spinoza, in *Spinoza's Political and Theological Thought*, edited by C. De Deugd, North Holland, 1984)。

皮埃尔-弗朗索瓦·莫罗的《〈政治论〉中国家的概念》,载于《纪念斯宾诺莎诞辰350周年乌尔比诺研讨会会议论文集》,那不勒斯比利奥波利斯出版社1985年版(Pierre-François Moreau, La notion *d'Imperium* dans le *Traité politique*, in Actes du Colloque d'Urbino, *Spinoza nel 350' Anniversario délia nascita*, Naples, Bibliopolis, 1985);《(霍布斯与斯宾诺莎的)语言政治》,载于《政治评论》1985年第2期[Politiques du langage (sur Hobbes et Spinoza), in *Revue philosophique*, 1985, n° 2]。

艾蒂安·巴利巴尔的《斯宾诺莎,反奥威尔:对群众的恐惧》,载于《现代》1985年9月号(Etienne Balibar, Spinoza, l'anti-Orwell. La crainte des masses, *Les Temps modernes*, septembre 1985);《斯宾诺莎,政治与交往》,载于《哲学手册》,法国教育文献中心(尤里姆大街29号,75005巴黎)出版,1989年6月第39期(Spinoza, politique et communication, *Cahiers philosophiques*, Centre national de Documentation pédagogique [29, rue d'Ulm, 75005 Paris], n° 39, juin 1989)。

《斯宾诺莎研究》第一卷(1985)(沃尔特&沃尔特维拉格,阿灵)(从第四卷起由前联邦德国柯乌兹堡的尼希豪森&纽曼出版社出版),本卷专题为斯宾诺莎的政治学(收入德、英、法、意四种语言的文章),第三卷(1987)专题为"斯宾诺莎与霍布斯"(Le volume 1 [1985] des *Studia Spinozana* [Walther & Walther Verlag, Alling] [Königshausen & Neumann, Würzburg, RFA, à partir du vol. 4] est entièrement consacré à la politique de Spinoza [articles en allemand, anglais, français et italien] ; le volume 3 [1987] à « Spinoza et Hobbes »)。

斯宾诺莎之友协会(巴黎第七区杜邦德罗歇大街 9 号)所编期刊《通报》由共和国出版社出版,并有系列丛书《斯宾诺莎手册》(已出版五卷)(L'Association des Amis de Spinoza [9, rue Dupont-des-Loges, Paris, 7ᵉ] édite un *Bulletin* périodique et publie aux Editions Réplique, la série des *Cahiers Spinoza* [5 volumes parus])。

斯宾诺莎简要年表

1536 年　加尔文发表《基督教要义》。
1565 年　荷兰反西班牙独立战争爆发。
1579 年　"乌得勒支同盟":联合省成立。
1594 年　索齐尼论基督一书(*De Christo Servatore*)发表。
约 1600 年　斯宾诺莎家族从葡萄牙迁至南特,后至阿姆斯特丹。
1602 年　荷兰东印度公司成立。
1603 年　阿明尼乌派和戈马尔派在莱顿就宽容与自由意志进行论辩。
1609 年　阿姆斯特丹银行成立。
1610 年　阿明尼乌派信徒及奥登巴内维尔特(Olden-barnevelt)的维护者艾屯波加特(Uytenbogaert)写成《抗议派宣言》。
1614 年　许霍·格老秀斯完成《论宗教事务中的主权权力》(发表于 1647 年)。
1619 年　多特信经,谴责了阿明尼乌派,并将奥登巴内维尔特处死;社友会成立。同年,爆发三十年战争(笛卡尔志愿加入拿骚的莫里斯——即奥伦治公爵——的军队)。

1628 年　笛卡尔移居荷兰。

1632 年　巴鲁赫·德·斯宾诺莎在阿姆斯特丹出生。

1633 年　伽利略明确被判有罪。笛卡尔放弃发表《论世界》。

1636 年　伽利略的《两个世界的对话》被秘密传播至阿姆斯特丹,由艾斯维尔出版社出版。

1638 年　阿姆斯特丹建成"葡萄牙"犹太大会堂;斯宾诺莎进入拉比开设的学校学习。

1639 年　受马基雅维利启发,"自由主义"理论家诺德(Naudé)发表《对政变的政治思考》一书。

1640 年　英国内战爆发。

1641 年　笛卡尔发表《第一哲学沉思集》;詹森发表《奥古斯丁》。

1642 年　霍布斯发表《论公民》。

1645 年　弥尔顿发表《为英国人民申辩》,这是一份争取新闻自由的宣言书,舍伯里的赫伯特发表《论异教》。

1648 年　明斯特和平会议:联合省明确获得独立;法国爆发"投石党运动"。

1649 年　英国国王查理一世被处死。

1650 年　奥伦治的威廉二世政变失败;詹·德·维特被推为荷兰总理。

1651 年　克伦威尔制定《航海法案》;霍布斯发表《利维坦》。

1654 年　荷兰废除总督职位。

1656 年　斯宾诺莎被驱逐出阿姆斯特丹的犹太社区。斯宾诺莎在前耶稣会士凡·登·恩登(Van den Enden)开设的学校中学习拉丁语人文科学、自然科学和哲学。

1660 年	斯图亚特王朝在英国复辟。斯宾诺莎被迫离开阿姆斯特丹,前往瑞恩堡,与社会会成员在一道生活,写作《知性改进论》,但未完成(后于 1677 年出版)。
1661 年	路易十四的"个人统治"开始。
1662 年	皇家学会成立,奥尔登伯格任秘书,玻伊尔和牛顿都是该学会成员。
1663 年	**斯宾诺莎移居福尔堡,发表《笛卡尔哲学原理》并附《形而上学思想》。**
1665 年	第二次英荷战争爆发。
1668 年	斯宾诺莎的追随者阿德里安·考贝夫(Adriaan Koerbagh)被判有罪。
1670 年	**斯宾诺莎匿名发表《神学政治论》;帕斯卡尔去世后留下的著作《思想录》也于是年发表。**
1671 年	**斯宾诺莎移居海牙;他放弃了《神学政治论》荷兰语本的翻译,可能是应詹·维特的要求这么做的(参看斯宾诺莎书信第 44 封致耶勒斯)。**
1672 年	路易十四入侵荷兰;德·维特兄弟被暴徒杀害;威廉三世成为总督。
1673 年	斯宾诺莎谢绝了海德堡大学教席邀请;他受邀前往孔德亲王(prince de Condé)的法军驻地。海因斯(Huygens)发表《摆钟论》(*Horologium oscillatorium*,这是有关钟摆和计时器构造的理论)。
1674 年	荷兰政府查禁包括《神学政治论》在内的"异端"和"无神论"著作。马勒伯朗士发表《真之探求》第一卷,并因该著中含有"斯宾诺莎主义"论点而受到

	起诉。
1675 年	**斯宾诺莎完成《伦理学》**,但决定不发表,同时开始写作《政治论》。
1676 年	**莱布尼茨拜访斯宾诺莎**。海牙宗教会议下令"找出"《神学政治论》的作者。
1676 年	**斯宾诺莎逝世**。他的朋友们将他的《身后著作集》付梓刊行,次年该书被禁。
1681 年	博叙埃写作《源于圣经的政治》,发表了他的《论普遍历史》;查禁了里夏尔·西蒙的《旧约历史考证》,这部著作会让人想起《神学政治论》的方法。
1685 年	路易十四撤销"南特赦令"。
1687 年	牛顿(受"唯一神论"神学的影响)发表《自然哲学的数学原理》。
1688 年	"光荣革命":威廉三世成为英格兰国王。
1689 年	洛克发表《论宽容》,次年发表《政府论》。
1697 年	在其《历史批判词典》当中,倍尔将斯宾诺莎定义为一位其德性异乎寻常的"系统的无神论者"。
1710 年	莱布尼茨发表了他的《神正论》,间接地回应了斯宾诺莎。

附 录

政治与交往

如我们看到的那样,交往的不同形态构成了斯宾诺莎《伦理学》的核心配置。在最后这一部分[1],我想对这个问题做一深入展开,并且回到我此前已经得出的某些主要结论之上。我之所以这么做,目的就是要指明斯宾诺莎的全部哲学——就它使得形而上学与政治学不可分离而言(这个统一性或互为前提性恰恰是"伦理"在这里所指的东西)——能够被理解为一种具有高度原创性的交往哲学。

对斯宾诺莎哲学的这种阐释的反对意见总是集中于以下三个问题:

1. **自然问题**:斯宾诺莎在今日天下闻名,但曾一度恶名昭著,

---

[1]《政治与交往》在《斯宾诺莎与政治》英译本中被当作第五章刊于正文部分。这部分文本原是艾蒂安·巴利巴尔的一篇讲座稿,曾在克莱特尔大学哲学教师讲座上宣读过,最初刊于1989年7月《哲学手册》学刊第39卷(Spinoza, politique et communication, Cahiers philosophiques, Centre national de Documentation pédagogique [29, rue d'Ulm, 75005 Paris, n° 39, Juin 1989])。——译注

就因为他将"神"等同于"自然"(Deus sive natura),并且将全部实在都描述为这个独一无二实体的一种"模态"。[1] 他的哲学因而是一种泛神论的形式吗？它是一种彻底的机械论版本吗？这种论点难道不会不可避免地导向一种谬论吗？也就是说,导向对一切道德价值的取消吗？倍尔就是最早对此作出讽刺的人之一:"按照斯宾诺莎的体系来看,凡是说**德国人杀死了一万个土耳其人**的人,都是在以糟糕的和错误的方式在说话,他们说这话的意思无

---

[1] "神或自然"(Deus sive natura)的提法很快就成为——而且在某种程度上至今仍是——用来概括斯宾诺莎思想本质的名言。但是有必要做三点澄清。首先,尽管这句话总结了《伦理学》第一部分提出的学说(如果我们将神和自然理解为用来指称无限实体的两个相等的"名称"的话),却直到《伦理学》第四部分的序言才实际出现。这虽无损此话的重要性,但也确乎表明,斯宾诺莎对这个提法的使用是有语境条件的,它是作为对"人的奴役"系统——这是第四部分的主题——的完美矫正而被提出来的。其次,这句话也可以被视为对"神即神","法律即法律"这些"同义反复"提法的一种置换或颠倒,这些"同义反复"的提法正是神学意识形态和神学政治意识形态的最高(以及总体)表述。此话的颠覆性力量即来源于此。第三,这句话的出现并非是没有先例的,实际上,它在一个漫长的历史中构成了最后阶段。此前有两个最重要的阶段,一个是与该表述对称并且真正属于泛神论的斯多葛主义及新斯多葛主义的表述——"自然或神"(Natura sive Deus)——(参看雅克林·拉格里:《尤斯图斯·利普希乌斯与斯多葛主义的复兴》[Jacqueline Lagrée, *Juste Lipse et la restauration du stoicism*], Paris: Librairie Vrin, 1994:52ff.),另一个是笛卡尔的《第一哲学沉思集》第六条中所说:"毫无疑问,自然所教导我的任何东西里都包含着一些真理。因为如果按照其总的状态来考虑自然,那么自然这个词我理解为就是上帝自身,或者是上帝建立的受造物的等级系统。"

非是说,神在德国人身体里的变体杀死了神在一万个土耳其人身体里的变体。"[1]

2. **人的问题**:斯宾诺莎的人类学是什么?我们刚说了第一个难点,在这种自然主义的视角当中,人的现实性似乎必然丧失了所有独立性。斯宾诺莎进一步坚持心灵与身体之间存在着一种严格的关联,前者仅仅是后者的"观念"。(这种提法被普遍称作"平行论",即便在斯宾诺莎的著作中从未出现过这个词,即便这个词的意义不管怎么说都是含混不明的。[2])但所有这一切都并不妨碍将人的完善描述为形成理智知识和实现自由。

3. **权利问题**:在其明确政治性的著作中,斯宾诺莎提出权利无非就是力量(个体的力量或集体的力量):"鱼是天造地设地在水中游泳,大鱼吞小鱼;因此之故,鱼在水中快乐,大鱼有最大的

---

[1] 皮埃尔·倍尔:"斯宾诺莎",《历史和批判词典》中评论 N. IV[Pierre Bayle, "Spinoza", remark N. IV in *Dictionnaire historique et critique* (1696)],转引自倍尔:《论斯宾诺莎》,弗朗索瓦·夏尔-多贝尔和皮埃尔-弗朗索瓦·莫罗选辑(Bayle, *Ecrits sur Spinoza*, texts chosen and presented by François Charles-Daubert and Pierre-François Moreau), Paris:L'autre Rive-Berg International Editeur, 1983:69。

[2] "平行论"这个词似乎是莱布尼茨的发明,他用这个词来描述他自己有关身心符合的理论,此理论的基础是"先定和谐"的学说。出于一种奇怪的误解——这种误解很值得细致研究——,这个词后来逐渐基本上被哲学史学家用来专指思想的"顺序与联系"和广延的"顺序与联系"间同一性的观点:这一观点可见《伦理学》第二部分命题 7 及附释,另参见 G. 德勒兹:《斯宾诺莎与表现难题》(Gilles Deleuze, *Spinoza et le problème de L'expression*), Paris:Minuit, 1968:95。

天赋之权吞小鱼。"(《神学政治论》)[1] 然后他立即断言,这个定义在自身之中包含着对自由的一种奠基,这里的自由即公民自由,正如公民自由在国家内并通过国家而存在一样。然而这个断言远非直截了当的,因为他的两部主要政治著作(《神学政治论》与《政治论》)已经表明,它们从这同一个原则出发却得出了根本不同的结论。其中之一要求限制国家,而另一个则捍卫国家的绝对性质。鉴于这些条件,并不令人吃惊的是,它们留下的理论遗产是如此丰富多元,《神学政治论》为主张"权利国家"(Rethlsstaat)的理论家所继承,而《政治论》则为"强力国家"(Machtstaat)支持者所继承。通过这种方式,一度被斯宾诺莎的定义悖论性地统一起来的这两个方面再次分裂开来,或者即便没有分裂,也被阐释得一个压倒另一个。

在最后总结性的这一部分,我并不试图解决所有这些难题。我想做的是表明对如下一种思想的一些成果加以质询将在多大程度上有助于澄清这些难题,这种思想即:斯宾诺莎的哲学——在最强意义上所说的哲学——是一种**交往**哲学,或者更确切地讲,是有关**种种交往模式**的哲学,知识理论和交往性理论在这种哲学中是紧密地交织在一起的,斯宾诺莎本人就曾在他的"共同观念"理论中表达过这个思想。他用这个概念指理性的普世性,同时也指对一种集体性的制度建设。共同观念是为可证明的科学奠定基础的真观念,是"同等存在于部分内和全体内的"(《伦

---

[1] 参看斯宾诺莎:《神学政治论》,温锡增译,北京:商务印书馆,1996:212。——译注

理学》第二部分命题37），也就是说，是固有于特殊层面的人类本质当中的，同样也在普遍层面存在于自然因果性之中的。它们为一切人所共有，只要一切人共同生活和共同思考，而无论他们的智慧程度或社会条件如何。我们若想更全面地把握国家的功能与形式之间的关系，把握个体性的定义和自由的真正本质，就必须要对这个基本思想做出分析。借此我们将看清让斯宾诺莎做出了他的理论承诺的这些难题在何种程度上被证明也是他的哲学的实践目标。

力量与自由

交往的主题在可以确定无疑地称之为斯宾诺莎的首部著作的《知性改进论》当中即已出现，该著约写于1660年。它的开篇是这样的：

> 当我受到经验的教训之后，才深悟得日常中所习见的一切东西，都是虚幻的、无谓的……因此最后我就决意探究是否有一个人人都可分享的真正的善（verum bonum, et sui communicabile），它可以排除其他的东西，单独地支配心灵。这就是说，我要探究究竟有没有一种东西，一经发现和获得之后，我就可以永远享有连续的、无上的快乐。（《知性改进论》导言）[1]

最终表明，这种善**就是**知识，或者用斯宾诺莎自己的话来说，

---

[1] 斯宾诺莎：《知性改进论》，贺麟译，北京：商务印书馆，1960:18。——译注

就是有关各诸事物的真观念。对它的获得似乎首先取决于道德上和理智上的一种苦行,斯宾诺莎称之为"真正的生活"。我们肯定会这样来理解:心怀抱负去追求这种知识的那些人将发现他们自己逐渐地相互结成一种自由而平等的共同体(也即友谊)。但这就不禁会使人将这种共同体想象成从政治现实当中的一种撤离。然而在斯宾诺莎《神学政治论》《伦理学》《政治论》这成熟期的三大著作中,没有任何迹象表明有这种撤离。它们在内容和风格上差别很大,但它们都既是哲学之作**也是**政治探索之作。斯宾诺莎思想最具原创性的方面之一,正如我们已经表明的那样,就是对不同知识领域之间过去存在的分离和等级秩序予以废止。因此,他进入哲学的方式是全新的,而在那个时代还没有人能追随这个进路。他的著作没有分为形而上学(或本体论)部分,和政治学或伦理学部分,后者可以被视为"第一"哲学的"第二位"的运用。从一开始,他的形而上学就是一种有关实践、有关行动的哲学;而他的政治学也是一种哲学,因为它构造着人类本性行动并努力获得解放的经验领域。必须坚持这一点,尽管这一点以往总为人所误解。斯宾诺莎的著作太过经常地被一分为二:"形而上学家们"埋首于《伦理学》,他们将这部著作放进自柏拉图直至笛卡尔、康德和黑格尔的本体论和知识理论的伟大传统序列之中,而"政治科学家们"则专心于"两论",他们将这两部论著与洛克、霍布斯、格老秀斯和卢梭的著作等量齐观,认为它们都是有关自然权利和国家的经典理论。结果就是,《伦理学》的真正核心正在于对社会性的分析这一事实在相当大的程度上未得到探究。而没有这个分析,斯宾诺莎对权利和国家的定义将是不可理解的。

《神学政治论》与《政治论》都是从将权利等同于力量的定义开始的。这个定义是普遍的：它适用于个体权利、国家权利、作为整体及其所有部分的自然的权利。这不仅仅是一个定义，它还是一个论点：**每一种权利都是有限的**（上帝的权利除外），但其边界既非某项禁止所致，亦非某种义务使然。边界就是**一种现实的力量**的边界。从它的逻辑后果来看，这条原则具有非凡的颠覆性。它的彻底现实主义完全削弱了所有使某个权威凌驾于个体利益之上的借口。不能将自己的权威强加于其人民之上——无论是以强制方式，还是以同意的方式——的国家，对其人民也就没有权利，进而也没有存在的权利。一切类型的契约离开立约各方能从中争取到属于自己那一份的利益则是无效的。但同时，个体不可能宣称具有对国家或反对国家的权利，除非这种权利是他能够——自己独自或与他人——予以执行的。最有权力的国家也是享有最广泛权利的国家。然而经验表明，这种国家并不是独裁国家，更不可能是靠暴力进行统治的国家，这种国家迟早要被暴力推翻。最有权力的国家是合乎理性的国家：这种国家要求最大的服从，因为它统治着的是其人民的心灵（《神学政治论》）[1]，也就是说，因为它争取到了每个人对公共秩序的内心忠诚。相同地，最有权力的个人也是享有最大权利的个人。但他绝不是靠着不可征信的虚构隔绝于（或反对）所有其他人而设法生活在彻底的孤独之中的人。隔绝是贫困的同义词，而对抗则意味着形成互为威胁、互为牵制的一个体系。个体的权利，与国家的权利相类

---

[1] "服从不在于外表的动作，而在于服从的人的内心状态。"见斯宾诺莎：《神学政治论》，温锡增译，北京：商务印书馆，1996：227。——译注

似,毋宁说体现为他在既定形势中有效地所能做(或能思)之事的全部。

所有这一切就等于是说,"理论上的权利"的想法是荒谬的,这种想法是按照权限或权威的条文构想出来的,可以独立于其执行而存在。每一种权利都是在与具体现实的关系之中被定义的,因为它对应着一个或更多个体的行动。这就说明了,斯宾诺莎何以忙不迭地将自己在这个根本点上区别于霍布斯,在霍布斯的思想当中,"权利与法律的不同正和义务与自由的区别一样"[1],而自然权利则必须给公民权利让路。要想使有着相互对立的冲突的人们之间形成保障和安全,那么自然就必须被人为的法律秩序所取代。"关于您问的,我的政治学说和霍布斯的政治学说有何差别,我可以回答如下,我永远要让自然权利不受侵犯,因而国家的最高权力只有与它超出臣民的力量相适应的权利,此外对臣民没有更多的权利。这就是自然状态里常有的情况。"(《斯宾诺莎书信》第50封)[2]我们应该记得,在斯宾诺莎看来,最高权力可能具有任何形式,可以是一个君主,也可以是全体公民(他们因而也是他们自己的"臣民")。无论是权力之间的冲突还是联合,无论是出身的不平等还是公民的平等,无论是内战还是国外列强的统治,每种具体的形式都是由自然权利决定的,即便这种决定的程度不尽相同。因而在积极的权利与自然的权利之间不存在矛盾。

---

[1] 参看霍布斯:《利维坦》,黎思复,黎廷弼译,杨昌裕校,北京:商务印书馆,1986:225。——译注

[2] 参看《斯宾诺莎书信集》,洪汉鼎译,北京:商务印书馆,1993:175-193,205。——译注

实际上，前者不仅不会取代后者，而且只有它们同样有效，它们才完全等同。[1]

这种权利观应该会产生三个特别重要的后果：

1. 个体——无论他是谁，只要未被化简成为纯粹形式上的托词——的权利，会受到他内在软弱性和外部敌人的威胁。凡是 sui juris（**独立的**）个体不可豁免地都要遵守法律，但他并不受到（或尽量少地不受到）他人以及一般法的**强制**。

2. 自然状态，就其被经典理论家所构想的那个样子而言，也就是说就其被构想为一种起源而言，无论是历史的还是观念上的，无论是清白状态（卢梭的"高贵的野蛮人"）还是邪恶的（霍布斯所说的 puer robustus [2]），有关自然状态的观念似乎都逐渐脱离了它的对象。斯宾诺莎的论点就达到了一种极端情况，形成了一种**没有相应的自然状态的自然权利**的悖论。

3. "大众"（如霍布斯以及其他人所理解的那样）并非是"人

---

[1] 积极权利的效力，在这些积极权利隶属于 Rechtfertigung 的秩序的范围内，后来被凯尔森称为 Wirksamkeit。关于这种比较，请参看曼弗雷德·沃尔特的《斯宾诺莎和权利积极主义》，见载艾米利亚·吉安柯提主编的《纪念斯宾诺莎诞辰 350 周年第一届斯宾诺莎国际会议会议论文集》，那不勒斯：比利奥波利斯出版社，1985（Manfred Walther, "Spinoza und der Rechtspositivismus", in *Spinoza nell 350' Anniversario délia nascita*. Proceedings of First Italian International Congress on Spinoza, ed. Emilia Giancotti, Naples: Bibliopolis, 1985）。

[2] 霍布斯曾说"强壮的孩子如恶人"（malus est puer robustus），语见《论公民》前言。——译注

民"的反题,它被提出来与"人民"构成的对立,就如野蛮状态之于有秩序的社会构成的对立一样。斯宾诺莎生活在一个动荡频仍的时代,他清楚地看到了群众暴力(无论是明显的还是潜在的)所造成的难题是不可能通过疏导这种暴力、通过将之排除在公共空间之外的方式而予以解决的。毋宁说,政治的真正对象就是与暴力相妥协。然而正如我们看到的那样,斯宾诺莎在晚年在思想上就此问题有了极大的转变。

"欲望是人的本质自身"

我们一直在讨论的这些论点包含了一种隐含的人类学。也就是说,它们暗含了对"什么是人"这个古老问题的原创性答案。《伦理学》对这个答案做了集中表述,将之建立在这样一个基本命题之上:"欲望是人的本质自身"(《伦理学》第三部分命题59 界说)。[1] 这个命题本身来自一条存在论原理:"每一个自主的事物莫不努力保持其存在。"(一物竭力保持其存在的努力不是别的,即是那物的现实本质。)(《伦理学》第三部分命题6)[2] 我们怎样来理解这些陈述呢?

斯宾诺莎使用**欲望**(appetitus, cupiditas)一词既指各个事物保持其自身存在(它自己的形式)的努力,又指特别由人类对这种努力的意识。但他也小心翼翼地对这种欲望和愿望进行了区别。愿望是我们借着某种虚构认为心灵隔绝于身体之时所给人的自我保存之努力起下的名字。相反,欲望则是当其"以不可区分的

---

[1] 参看斯宾诺莎:《伦理学》,贺麟译,北京:商务印书馆,1997:151。——译注
[2] 参看前引书,105－106。——译注

方式既相关于心灵又相关于身体"¹之时的那种努力。通过其愿望来定义人使我们对什么是人形成一种片面而不充分的观念。每个人都是一个身心统一体。他既非（如亚里士多德传统所言）形式与质料的结合，亦非（如笛卡尔对基督教传统的再阐释所言）两种质料的统一。毋宁说，心灵与身体是唯一的同一个实体的两种表现，也就是说，是同一个个别事物的两种表现（《伦理学》第二部分命题 7 附释）。² 我们最好还是把这些观念的习惯顺序颠倒一下，来这样理解斯宾诺莎的思想：人这个统一体乃是自我保持这个唯一一种欲望的统一体，这种欲望通过身体的行动与激情表现自身，同时也通过心灵的行动与激情表现自身（也就是说，通过运动的顺序和观念的顺序表现自身）。这两个顺序在实质上是同一的，因为它们表现着同一个个体的本质；但它们又是如此不同，所以表现出了不同自然因果性顺序之间不可化约的多样性。

众所周知，这是一个艰深的论点，但其论战性意义却是显而易见的，斯宾诺莎以此反对一切传统形式的身心等级论。这种拒绝实际上为身体恢复了名誉，在伦理学方面，也在政治学方面，推翻了我们有关支配与服从的成见。所以，服从关系无论是对自己的服从关系还是对某个"外部"权威——某种观念，如某种上帝观——的服从关系，必然与某种身体关系相关联。在斯宾诺莎看

---

¹ 在贺麟译本中作"这种努力，当其单独与心灵相关联时，便叫做意志（Voluntas）。当其与心灵及身体同时相关联时，便称为冲动（Appetitus［appetite]）"。见第三部分命题 9 附释，斯宾诺莎：《伦理学》，贺麟译，北京：商务印书馆，1997：107。——译注

² 参看前引书，49－50。——译注

来，我们恰恰不知道身体力量所能及的范围。所以我们没有理由强行加给它武断而抑制性的范围，尤其没有理由禁止它进入到认识范围之内。相反，我们应该将心灵全部地理解为"有关身体的观念"（《伦理学》第二部分命题 13）。[1] 观念不可能完全充洽，但是其"首要的、基本的"方面总是"努力……肯定我们身体的存在的"（《伦理学》第三部分命题 10 证明）。然而，为身体进行的这种恢复名誉，肯定不可能以将心灵化简为身体的方式实现，因为一个既不是另一个的本质，也不是另一个的原因。斯宾诺莎既非"唯灵论者"，然而也非"唯物主义者"，至少在"唯物主义"一词通常的意义上而言如此。悖论的是他断言，正因为二者所由以构成的顺序的这种同一性，故心灵不能作用于身体恰与身体不能作用于心灵相同。身心难题，贯穿于哲学史上的这个主要的执念，一下子就被勾销了。既不能将身体构想为消极被动，同样地也不能将心灵构想为积极主动——或是相反——，我们只能设想涉及心灵又同时涉及身体的一种积极主动和消极被动。所以，社会关系必须被这样来设想：它们既是（在心灵当中的）意识形态关系，又是（在身体当中的）物理关系，两类关系完全地相互联系在一起，也表达着个体方面自我保持的同一种欲望，而无论这欲望与其他个体或个体聚集体（如民族或国家）的欲望是否兼容。

欲望，按照斯宾诺莎的理解来说，不是某种**匮乏**的表现。相反，它在本质上是积极主动的（因为每个事物在本性上都倾向于

---

[1] "构成人的心灵的观念的对象只是身体，即某种现实存在着的广延的样式，而不是别的。"参看斯宾诺莎：《伦理学》，贺麟译，北京：商务印书馆，1997：55－56。——译注

保持它自己的存在和它自己的形式——实际上,这种积极主动性就是它的"本质")。但它也不是对某种**限制**的表现,这种限制我们在权利观念所牵涉的关联中是可以遇到的。但个体都不能完全靠自己的力量保持自身。他所能做的一切就是或多或少成功地并永久地做到杜绝倾向于使他毁灭的内部和外部的原因。因此,他必须对某些对象有所趋避,这些对象可以是人(因而也是某些其他欲望的承担者)也可以不是,可以是想象的也可以是现实的,可以是信仰的对象也可以是知识的对象。斯宾诺莎原创性的主要部分即在于提出欲望的对象既非先定的亦非限定的,而是可变的和可以替换的。但对理性知识("由原因"而进行的认识)的欲望却是这个规则的一个例外,因为理性知识的对象是**一切唯一同一的事物**。正是由于这个原因,这里本质的区别并不存在于意识与无意识之间,而是存在于积极主动与消极被动之间,而对积极主动与消极被动的判定则取决于个体是被他欲望着的对象所支配还是他自己成为那个对象的"充分原因"。欲望具有的形式纷繁复杂,但欲望本身无非就是足够克服消极被动性的某种程度的积极主动性,无非就是在生与死之间的一种(积极主动的)较量。

这样一来,"本质"这个词在这里也就是在一种相当不同于寻常的意义上被使用的。我刚引述的那些界定构成的上下文在这一点上是非常清楚的:"本质"指的不是一种普遍的人性观念,不是能涵盖所有个体并将他们的差异全都中和掉的一个抽象概念。相反,它显然指的是赋予每个个体以独一无二的命运,并使每个个体都**获得独特性**的那种力量。所以,对欲望是人的本质做出断言,就是在断言每个个体在其自身的欲望差异性方面是不可化约的。我们可以说,这是"唯名论"的一种形式,既然斯宾诺莎判定人类仅仅是一种抽象。**存在**着的——在该词的强烈意义上而言存在着的——只是众多的个体,但这种唯名论与单子论的个人主义没有任何关系:说所有的个体都不同,或者更明确些,说所有的个体都以不同的生命方式行动和承受,并不等于说他们可以相互隔绝。有关这类隔绝的想法只是另一种神话式的抽象。正是每个个体相互之间的关系以及他们相互行动和激情之间的关系,决定着个体的欲望形式并激发起欲望的力量。独特性是一种超个体的功能。它是一种交往的功能。

但是欲望的这种定义还有另一种后果,因为斯宾诺莎还接下来继续对知识与情感之间的传统区分进行了否定。他同样不是将二者化约为一,而是对讨论本身的术语进行置换。他是通过对他本人就意志观念的批判加以扩展的方式做到这一点的。意志观念不仅是一种抽象,一种起源于错误的心灵观念的抽象,而且它的基础恰恰在于它完全无法理解什么是观念。一种观念,或众多观念的一个集合,并非"心灵中"存储的事物的一种图像或想象;它是一种行动,该行动的发出者可以是个体——这个个体同时受到其他个体(可以是人也可以不是)的影响,也可以是一些共同思考着的,也就是说,一些共同形成相同观念的个体。所以没有理由事后为这种观念去追加由某种情感产生的特殊意志行为或特殊效果以便让该观念从思维领域进入到实践领域。每种观念从来都伴随着一定的情感(快乐或痛苦以及——作为结果的——爱与恨、希望与恐惧,等等)。反过来看,每种情感都与一定的表述(一个语言表象或概念)相联系。那些最强的观念,尤其是那些"充洽的"观念——即那些本然地真实的观念——也都是最强的情感。在斯宾诺莎看来,它们之所以是快乐的,在于它们是与人对增加其身体行动的力量——同时也是其心灵行动的力量——的那些事物进行想象的努力联系在一起的(《伦理学》第三部分命题 11 及附释)。而最剧烈的情感则是那些寓于最生动想象——无论这种想象是否明晰与可否理解——之中的情感。所以,就算当我们充分地("通过它们的原因")认识事物的时候,我们也并没有封掉情感储备;相反,这时我们也倾向于将我们的所有情感投向快乐的激情之中。反过来说,这样一种想法将是完全错误的:激情的生活——其典型特征就是"心灵的摇摆不定"和内心的冲突——对应着所有认识的缺席。因为,如果说我们在思考(承受即思维)的话,那么我们也是在认识某种东西,尽管这种认识是通过最薄弱的可能形式来进行的,此形式即外部对象在我们这里引发某种效果,我们进而在这些效果的基础上对外部世界进行想象,而我们在面对这些外部对象的时候所感到的是我们的相对的无力(impuissance)。当然,这种思考是一种幻觉或错觉。但即便是这种错觉也并非是认识的缺席,它也是一种"认识的形式"。斯宾诺莎说**人总是在思考着**(但他并不总是在充沛地思考着)。我们或许应该补充说,人总是在认识事物,就像他总是被他思维中的以及他所思对象唤起的快乐与痛苦触动情感一样。在这里,斯宾诺莎显然预告了弗洛伊德的理论,后者理论的典型特征与其说在于它对感情的重视,不如说在于它对思维在感情中所扮演角色的重视。

认识与情感之间的人为区分乃是理智主义和非理性主义共享信条当中的组成部分,这种区分必须替换为另一种区分:**不同类型的认识之间的区分**,这些不同类型的认识对应着不同的**情感**

领域。这两个要素共同构成了一种"生活方式"。有两种主要的认识类型,斯宾诺莎称之为想象与理性,二者相互对立,一个消极被动,一个积极主动。我们在这里再次遇到了有着显而易见政治意义的一个人类学区分。一些人生活在想象世界当中。斯宾诺莎经常地暗示说,这就是——至少在最古老的情境中——群众的命运,这也解释了那些建立在迷信基础上的政体(尤其是神权政体和君主政体)何以总是倾向于动荡的原因。人们当中的少数由于幸运地受惠于他们的环境和他们的个人努力而接触到理性世界。情况看上去似乎是:如果真正民主的政体可以创制出来的话,那么这少数人将成为多数人。然而,如果我们更切近地检视《伦理学》和《神学政治论》的论点,我们将会发现这个简单的提法是过于机械的。实际上,所有人都既生活在想象世界又生活在理性世界。在每个人那里都存在某种理性(也就是说,存在着某些真观念和某些追求快乐的激情),只要他对他自己的有效性有局部的认识的话;在每个人那里也还存在着某种想象(即便当他通过科学和哲学或从他自己的经验中获得了许多真观念的时候),只要他自己还无法支配所有外部原因(我们统称这些原因为"命运")的话。一切政治的根本难题——这种难题从来都是有关政治制度和国家的保持的难题——就在于去认识理性与想象以何种方式相互作用,它们以何种方式促成了社会性。在本书的前面部分,我们已经看到了斯宾诺莎在《伦理学》第四部分当中通过命题 37 的"二重证明"和"二重附释"对这个问题作出了怎样的分析,也正是在那里,他提出了"国家的基础"。

第一个证明和第一个附释解释了国家的**理性**起源。受到理性指导的人们(在他们接受这种指导的时候)追求的总是对他们有益的东西。对所有人来说最有益的就是其他的人,他们的力量,一旦与他自己的力量相结合,将为他提供更大的福祉安全、繁荣和知识。自我保存的欲望因而在理性层面对每个人来说都意味着他应当欲望对他人而言乃是善的事物,应当与他们形成稳定的联合。必须予以强调的是,与前面讨论过的人类学论点相一致,人们相互有益,但并没有达到他们完全同一并可以相互替换的程度(即每个人都可以取代别人的位置,并且像康德后来将会说的那样"将他自己的行为准则确立为普遍法则"[1]),而且恰恰是因为他们相互在"性情"(ingenium)上,也就是说,在他们的能力和性格上是各异的。将他人的善当作我自己的善的功能去欲望,目的恰恰在于从他人那里受益并让他人也在我自己这里受益,这种欲望因而绝不可能意味着欲望让他人与我相类,让他人也行如我之所行或接受我的观点。相反,这种欲望所欲望的是,人们应该是不同的,人们应该发展自己的力量,人们应该去越来越充分地认识对他们有益的事物。换言之,以理性方式构想并由其成员的日常活动建构起来的国家实际上是一个通过友谊、道德和宗教的情感凝结起来的集体性的个体,而不是建立在整齐划一的基础之上。所以,这种国家就是每个人借以确证并加强自身个性的手段本身。

正如我们已经看到的那样,**情感上的起源**和理性的起源在一个中心之点上是相矛盾的:对于效果上追求着共同的善的人来

---

[1] 见康德的《道德形而上学原理》(苗力田译,上海:上海人民出版社,2005)第一章第 3 个命题:"**除非我愿意自己的准则也变为普遍规律,我不应行动。**"——译注

说，这种善必须对每个人来说也是想象当中的爱的对象。我所感觉到的对某事物的爱由于此物亦被他人所爱而增长，而且，爱它的人愈多则我对它的爱也就愈加增长。所有这些感情的汇聚以及它们之间的相互加强可以构成一种社会纽带。但是这个简单的图式必须在两个点上得到限定。首先，这里说到的情感之间的加强实际上是一种客观利益（正如我们前面看到的那样），但它的基础却是一种**幻觉**机制：我想象他人与我一样爱着相同的事物（我们的爱指向同一个对象），且以与我同样的方式（以与我相同的爱意）爱着它。其次，这种加强是**爱恨交织的**(ambivalent)：因为这种加强的基础在于我对获得我所欲望的善感到无能为力，并且怀有一种希望，希望我或许可以通过他人而获得这种善，且同时我也害怕他人很可能夺走我所欲望的善。因而它随时都可变成它的反面；实际上，它**包含着它的反面**。因而，以此方式构成的国家取决于一种既强大而又极其不稳定的"心理经济"：斯宾诺莎称此为"情感模仿作用(affectuum imitatio)"[1]，用现在的话来讲，我们可称之为认同(identification)。如果人都完全是理性的生物，那么他们所形成的共同体则将完全以互惠为中心，并进而以和而不同为中心。但由于人们全部都是——尽管程度上有差异——想象的生物，所以他们的共同体也取决于认同的机制，也就是说，取决于对类同性的一种（想象的）**过度认同**。

斯宾诺莎将野心划归为认同关系中的一种。**野心**是这样一种欲望：个体都想让别人赞成他的意见，并给他人呈现出取悦于

---

[1]《伦理学》第三部分"论情感的起源和性质"命题 27 附释，参看斯宾诺莎：《伦理学》，贺麟译，北京：商务印书馆，1997：105 -106。——译注

他们的形象,他人进而可以通过这种形象而认同他。[1] 斯宾诺莎将**阶级**和**民族**这些集体表象也归因于同一些原因(第三部分命题46)。这些情况有助于说明情感认同作用的那些必然后果,也就是说有助于说明对个体间差异的恐惧和误解。《神学政治论》当中的分析让我们有理由也将教会理解为这种类型认同的更完善的制度,或者说,实际上建立在共有宗教信条的信仰者之间相互认同基础上的所有共同体都应作如是观。所有这些例子都表明,不存在没有恨(阶级仇恨、民族仇恨、神学仇恨)的爱(对邻人、对公民同伴、对我们的同伴的爱),这两种相反的激情必然不仅指向的是相互不同的对象,而且也指向相同的对象,既然对象在想象中可被构想为相同的,也可被构想为不同的(所以,信仰者可以爱归于神的他的邻人,也可以将邻人当作一个有罪者和异端去憎恨)。

植根于激情之中的社会性因而必然是冲突的社会性。但这

---

[1]《伦理学》第三部分"论情感的起源和性质"命题29:"我们将努力做一切我们想象着人们将用快乐的眼光注视的事情,反之,我们将避免做任何我们想象着人们所厌恶的事情。"附释:"这种做一事与不做一事,完全因为我们欲取悦他人,便叫做'野心'(Ambitio),特别是当我们率然取悦一般人的欲望是那样的强烈,以致我们做某事或不做某事,会导致损害自己或损害他人的后果。"命题31:"假如我们想象着有人对于我们所爱、所恨或所欲之物亦爱、亦恨或亦欲,我们便因而对于此物之爱、恨或欲求将更坚持下去。反之。假如我们想象着有人爱我之所恨,恨我之所爱,那么我们就会感受到心情的波动",绎理"每个人总是尽可能努力使他人爱其所爱,恨其所恨",附释"这种使人人赞同我所爱或所恨的东西的努力,其实就是'野心'。"参看贺麟译本第122,124页。——译注

毕竟是一种**现实的**社会性。斯宾诺莎最伟大的充满理智勇气的行动之一就是打破传统的二元选择,根据这种选择,要么个体相互对立且社会涣散(homo homini lupus——"人对人是狼"[1]),要么社会作为整体而构成,进而和平与爱必然主导其全部成员(homo homini dues——"人对人是上帝"[2])。不管怎么说,社会仇恨——既然我们已经承认了它的存在,进而也承认存在着情感在过度的爱与过度的恨之间摇摆不定的所有形式——必须被限制在某个范围之内。这个范围应由国家,也就是说,应由其强制力采取法律形式的一种权威来限定。正是因为这一原因,在《伦理学》第四部分命题37第二个附释中,斯宾诺莎从激情的冲突推导出个体必须为了公共制度而让渡他们的一部分力量的必然性。这种公共制度将能通盘确定何为善、何为恶,何为正义、何为不正义,何为虔敬、何为不敬;并将能把所有权和正义的规则加以法典

---

[1] homo homini lupus("人对人是狼")的原初语境是古罗马喜剧作家普劳图斯(Plautus,公元前254—前184?)的喜剧《驴》:"可你无论如何也说服不了我,让我把钱给你,这个陌生人。人对人是狼,如果他们互相不熟悉的话。"经霍布斯(《利维坦》)引用,该语成为对霍布斯所理解的"自然状态"的概括。——译注

[2] homo homini dues("人对人是上帝")则是费尔巴哈从抽象人道主义出发对社会关系本质的经典表述,语见《基督教的本质》:"对人的爱,决不可是派生的爱;它必须成为原本的爱。只有这样,爱才成为一种真正的、神圣的、可靠的威力。如果人的本质就是人所认为的至高本质,那么,在实践上,最高的和首要的基则,也必须是人对人的爱。Homo homini Deus est(对人来说,人就是上帝)——这就是至高无上的实践原则,就是世界史的枢轴。"参看荣震华译本(北京:商务印书馆,1984)第350页。——译注

化("何者属于这人,何者属于那人");将根据实际情况,确保对个体的赏善罚恶。就这样,论证的中心从共同的善的概念转向了公民服从的概念。

于是我们一定就明白了,国家起源的这两种反题式叙述并不对应着两种类型的国家,甚至更不对应于理想的国(即某种意义上的"天上的国")与现实的国(即不可救药的"地上的国")之间的对立。这两种反题式的叙述表述了同一个复杂过程的两个方面,如果你愿意,可以说是表述了同一个辩证法的两个阶段。每一个现实的国家从来都是同时建立在一个积极主动起源和一个消极被动起源之上的:其一是"自由的"(或毋宁说,是一种起解放作用的)基于理性的同意,另一是基于想象的同意,后者本质上具有的爱恨交织性质设定存在着强制。归根到底,社会性的原因无非是诸个体实现自我保持并进而实现相互有益性的那种努力。如果我们借助某种方法论上的虚构而构想存在着某些"孤独的"个体,就像霍布斯或卢梭可能做出的那种想象一样,那么我们就必定会预见到他们将被他们的自然环境的力量摧毁,而且实际上根本不能保护自己。国家不仅固有地具有理性,而且理性行为本来就构成了国家形成过程的一个组成部分,而无论其背后的合理性是经济的、道德的还是理智的。如果没有与理性相联系的那些情感(爱与快乐),国家便不可能存在下去。然而,所有国家都不可能靠纯理性基础而存在,多数人在绝大多数时间里都受他们的激情支配,而不是相反。所以,如果说人们**事实上**在相对稳定的国家或社会中生活,那么之所以如此,必定是在一定程度上,想象与公共限制的相互作用在诸个体的利益当中过度决定(overdetermines)并加强出了一条集体逻辑。首先这是因为,国家迫使个体的行为举止要表现得他们生活"在理性指导下"的样子但实际上却是运用他们的激情做到这一点的。在这种情况下,我们能说在斯宾诺莎看来国家是一种必要的恶吗?或毋宁说国家是一种相对的善(即便斯宾诺莎坚持这样一个事实:为了规训"如果无所畏惧便会极其可怕"的群氓,国家与宗教都要求助于"不快乐"的激情,这些激情就其自身而言是不好的,比如谦卑与懊悔[第四部分命题54以下])?

借助对那个辩证法的重温,我们便能就斯宾诺莎对人类本性所做定义的某些后果做更深入的解释。理性与激情都是这种本性的一部分,就如它们属于自然的一般一样。每个人都是自然中的独特组成部分,我们也许倾向于对人另眼看待,但他们确乎并无应受到特殊对待的天然特权。理性并不高于自然,而激情亦非自然的"倒错"。社会性和国家的建构从来都是完全内在于自然的一个过程,也就是说,从来都是可以通过确定的原因得到解释的一个过程。或更确切地讲,恰恰正是这种理性与激情的、互惠与冲突的辩证法使我们把握住了自然因果性在人类秩序之中的表现形式。

共同体难题与知识问题

然而,我刚刚勾勒出的这个框架仍然有些抽象。一种真正的政治理论不可能仅限于提出一系列可理解性原则。它还必须尝试着对具体的历史现实、既有政治制度的独特性、它们稳定以及不稳定的直接而明确的原因、使人们能扩大他们的自由并增加他们利益的条件做出解释。斯宾诺莎正是通过两部论著(《神学政治论》和《政治论》)来回应这类具体问题的。正如我们在前面的章节中所看到的那样,这两部著作的观点之间差异颇大。无疑,这些差异可以通过写作它们时的环境、作者的策略意图得到解释,在写作期间这两方面的因素发生着变化。但是,即使从这些方面来看,这两部著作得出的结论在某种程度上也是相互矛盾的,这种视角的转换也必须作为一种理论难题得到分析。

在《神学政治论》中,斯宾诺莎将联合省的共和政体("自由的共和国")称为民主的政体(或称为在历史上最接近民主的政体),而且将民主定义为"最自然的状态"[1]。他说民主制度起源于真理并且以联合个体的契约(pactum)形式而适用于所有国家。通过这种契约,每个个体将立法的、命令的和惩罚犯罪的公共与私人的权利都转交给集体主权(每个个体都是这个最高权力的一部分)。这种论证当中的关键词是自由。一方面,"国家的目的,实际上,是自由"[2],另一方面,这种制度可以借以确保其稳定性的手段是意见自由和表达意见的自由。这些自由一旦被禁,结果就是叛乱和内战。相反,只要这些自由存在,它们将能使公民形成一种共有的意志并确定他们的共同的善。于是就产生了这样一个关键的问题,即宗教与国家之间关系的问题。

在解决这个问题时,斯宾诺莎却兜了个大圈子,其目的无非是对神学想象进行一种彻底的重构。将私人与公共相分离,将宗

---

[1] 中译本作"最自然的政体"。参看《神学政治论》温锡增译本第148页及以下,第226页及以下。——译注

[2] 中译本作:"实在来说,政治的真正目的是自由。"见温锡增译本第272页。——译注

教意见划入私人领域并形成一种形式上的容忍,这么做是毫无意义的,如果人们仍然认为现世与天国的得救都取决于信奉某种既有信条,而他人对这种信条的反对对自己的得救而言乃是一种威胁的话。这样一种信仰在某种意义上来说是必然的,因为所有人都能够按照他自己的性情决定自己的信仰。这样一种信仰甚至也是有益的,因为它鼓励人们去爱他们的邻人。因而,我们的目标就应该是从《圣经》当中提取出完全普世的教义,进而改变信仰本身的内容。这种教义的内容将完全由对邻人的爱、对得救的希望和对必使我们服从的神法的坚信构成。将可以得到证明的是,这些教义完全可以兼容于所有哲学的观点,并且也可以与神性代表的一切形式的个别变体相兼容。因而(民主的)国家的责任就是通过明确申明国家与教义的区别的方式对教义进行"祛神话化",并使全体都把这一区别当作集体原则接受下来。但国家这么做不能让自己取代教会,而是控制教会的公共活动("公开的宗教"),将自身确立为信仰的政治后果(公正、仁慈和一般意义上的"事功")的唯一权威的解释者。这种解决办法显然超出了包容的古典思想。一方面,国家在所有不同信仰的权利之间建立起了彻底的对等和完全的平等,另一方面也使教会机器隶属于国家机器。

在说明这些论点时,斯宾诺莎无疑希望有助于打击有所抬头的宗教狂热势力,这一势力与君主党相勾结,大有主导群众对隐约出现的战争与危机的恐惧并将共和党人全部扫除之势。经验将会——以悲剧的方式——向他表明,他的恐惧并非没有道理,而他给出的解决办法则是一个幻象。斯宾诺莎对德·维特兄弟之死的反思似乎让他自己得出了两个结论。第一,1650 年到

1672年的共和政体并非是真正的"民主",而毋宁说是一种寡头政体,它的各种不平等的构成一直是社会冲突的原因之一。第二,斯宾诺莎过去高估了群众(vulgus, mulitudo)进入政治与神学之后其意见的理性协商作用。就更深层次而言,他高估了群众理性地控制自己行为和自我统治的能力。这两个方面在某种程度上看的确是相互抵消的,因为群众的放纵本身部分地应归因于民主的匮乏。然而也可能是,他确乎高估了人们建立——在必要的条件下,符合"自然"地建立——民主政体的能力。

在这个上下文中,我们可以将《政治论》的最后一章看作是对他转向看待事物的全新方式的一种记录。于是自由的问题便从视线中消失了。取而代之的是,斯宾诺莎更进一步地扩展了他对自由的条件的探索范围。现在斯宾诺莎想要知道在不同政治制度类型——无论主权采取何种形式(君主制的、贵族制的、民主制的)——当中自由是如何获得保证的。而且自由不再被宣告为国家的"目的"。现在当务之急的核心在于国内和平或**福祉安全**(《政治论》第五章第2节)。根本性的政治问题因而在于如何借助不同的制度体系以确保一个政治体的稳定,或简言之,如何防止革命。因而,社会契约的概念不再是国家的基础之一。取代了社会契约概念的,是对这样一种过程的描述:个体通过自己的自然权利(也就是说,他们自己的力量)共同创造一个**集体性的个体**的过程,也就是说,共同创造作为合众为一的国家的过程。这种集体性的个体具有一个"身体",这个"身体"由每个人的身体力量凝结而成,它也有一个灵魂,这个灵魂就是关于这个"身体"的**观念**。这个灵魂有许多功能:它是那个身体借以在想象和理性当中得到表述的方式;它是有效决策(也就是说治理)的条件;它还是集体激情的表达工具。

斯宾诺莎在这儿启用了当时政治学争论中的一个核心范畴，并给它加进去了一种奇特的内涵。在他看来，如果国家能将自身建构为稳定的个体性，那么这种国家就是**绝对的**。斯宾诺莎从自己的经验以及"现实主义"政治理论家（尤其是马基雅维利）那里得出的一个基本原理就是：政治体的最大威胁从来都是内部冲突（换言之，总是来自其公民）而非外部敌人。所以，国家只有被组织得足以保证其公民安全，并因而防患于未然地消除意识形态差异或阶级差异造成的冲突，才有望达到稳定。从理论上讲，每种政治制度类型都能实现这一点，所以也都是"绝对的"。民主制度不再被赋予任何理论上的优势。斯宾诺莎的确肯定过有效的民主国家将是"最绝对的"国家（omnino absolutum），也就是说，将能使最大可能的自由和平等与最大可能的福祉安全相结合。但是他却没有对这一论断做出证明，因为相关的章节是未完成的。此外，民主制度似乎也是最难于建立的一种政体类型。

不难理解，许多读者都觉得在《政治论》中斯宾诺莎否定了他以前的思想。一种关于自由的哲学被一种关于社会体的哲学所取代。建立在权利基础上的国家被建立在力量基础上的国家所取代。然而，从斯宾诺莎的观点来看，这种区分是毫无道理的。所以这并不是正确的解释。让我们回过头仔细地检视一下斯宾诺莎思想的内在逻辑。无疑历史背景在使《政治论》沿着新线索调整其论点方面是起了关键作用的。但是这本身并没有动摇斯宾诺莎的政治学说及人类学的根本原则：权利与力量的同一性。斯宾诺莎为人的解放所勾勒的规划正是以此同一性为基础的。

那么他现在为什么接受了建构国家的一个新的模式呢？我认为，斯宾诺莎开始意识到，《神学政治论》当中曾提出的那种模式是存在着矛盾的，那种模式反映了他的"自由"概念里的固有缺陷。如今，《政治论》显然是对这一缺陷的克服，其克服方式就是把他理论的那个原初**他者**——他的理论受其纠缠而又无力在概念上想清楚的那个噩梦——结合到理论中来。这个他者就是群众（multitudo）以及群众运动在政治与历史中的特殊作用。这么说来，斯宾诺莎从未为了探寻福祉安全而忽视自由。他只是在尝试对自由的**现实**条件作出定义。

从这种视角来看，《神学政治论》可以被视作一个伟大的否定性论证，一种归谬（reduction ad absurdum）。如果个体的权利—力量并不能协调地结合在一起的话，那么国家将告毁灭。我们可以看到当对意见的压制引发了意识形态斗争进而引发了革命与反革命的恶性循环的时候，这种情形就会发生。对个体来说，国家的毁灭是他们自身毁灭的直接前奏。正是由于这一原因，人们肯定要建立并遵守能使他们个体力量—权力结合在一起的规则。这些规则鼓励意见交流，进而促成了个体权力向公共权威的永久性转移。这一转移（无论这种转移所采取的形式是默契还是言明的契约）的实际结果是使每个人的力量无差别地得到增加，也就是说，使每个人的权利无差别地得到增加。国家与个体失去了它们的绝对独立性，在这一过程中它们失去的仅仅是一种虚构的自由，失去的仅仅是无力性。反过来说，在这一过程中，它们积极主动地投入到了解放它们自身的规划之中。

对各种力量的结合进行管控的规则越好地适应于个体欲望与性情的多样性，这种规则的效果就会越加有效。正是由于这个原因,《神学政治论》特别指出,这种规则的形式应该是彻底的意见表达自由,该自由的唯一限度(也是严格的限度)在于必须确保服从于法律(见《神学政治论》第二十章)。正如我们已经看到的那样,这种规则的本质意义在于,**所有人都不能被强迫着与别人一样思考**,或甚至都不能被强迫着人云亦云(在某种程度上,即"通过别人的嘴"去说话)。实际上,就极端的情况而言,在自然规律上讲这是不可能的,因为那样就意味着这里所说的众多的身体浑然一体无法分开,与政治—宗教对"神秘身体"的幻想保持一致。如果这些条件都得到了研究,那么国家就有望成为每个符合法律的个体行动的集体权威,因为,国家行动(这些行动中最重要的一个就是建立法律)的实际原因是诸个体的互动行为,而诸个体在国家的存在中发现了达到他们的利益或他们的幸福的手段。

"如果在民法之下,**只有行动才算罪状的根据,至于言论,则听其自由**",那么由于"法律侵入思辨的领域,把人的意见加以法律的审判、定罪"而引发的叛乱将会丧失其可能性(《神学政治论》序言)[1],其不合法性也就显而易见了。所以君主制和贵族制倾向于自我毁灭,而民主政体则能知道它自己的边界,进而能将这个边界的范围无限地加以扩展。

这种论证很细致,听上去也很有道理。它集中体现了历史上让哲学家和公民们将自己视为民主主义者的那些动机。可是,结果却证明这种论证是站不住脚的。首先它包含着内在的矛盾,这

---

[1] 参看斯宾诺莎:《神学政治论》,温锡增译,北京:商务印书馆,1996:11。译文有调整。——译注

种矛盾不仅在实际上,而且在与《伦理学》所包含的人类学比较之下都是显而易见的。《神学政治论》的这种"民主式"解决办法的全部基础都建立在把**言论**与**思想**的一方面同**行动**的一方面截然划分开来的可能性之上。这样一来,"权利"的概念就不再对等于力量—权力,它又复归为一种形式上的规定,一种由某权威先验地规定的形式规定。从权力——权力从来都是现实的力量——角度来看,最为有效的那些言论和思想,尤其是对现有国家的不公与罪恶进行抨击的那些言论和思想,本身就是行动。它们实际上是最危险的行动,因为它们激发其他人自己去思考和行动。所以这个规定恰恰正是在最少不了它的地方最无用。斯宾诺莎本人在准备发表《神学政治论》的时候发现了这个真理。当然,我们可以说,这里的问题实际上是为了满足达成社会契约并肯定基础性民主价值的需求而制造**同意**的问题。但这种同意只有在国家未腐败之时——或如斯宾诺莎会说的那样,在国家还未变得"强暴"[1]之时,这种同意才能存在。依循这个论证线索的话,我们就会被导向无限的后退让步。这种后退让步在某种意义上讲正是《神学政治论》那里最有意思的东西。为了保证公民契约得以维持下去,就必须为之附加一个宗教契约。也就是说,为之附加一个有关可被所有神学倾向共同接受的信仰要求的协议。而宗教契约反过来又以某种共有的激情纽带为前提条件。斯宾诺莎认为这个纽带即爱国主义。但是**民主的爱国主义**的观念将不可避免地分裂为民族主义(神选民族的意识形态)和普世主义(对

---

[1] "人的天性是不受绝对的压制的。正如辛尼加所说,强暴的政府是不会长的,温和的政府会站得久。"见《神学政治论》温锡增译本第82页。——译注

公民和邻人同一性的确信)。这恰恰正是难题性所在。实际上,我们发现我们自己又回到了起点,仍然陷在同一个恶性循环之中。

斯宾诺莎将在《政治论》中对这个难题进行研究。通过何种方式才能制造出**同意**呢——这里所说的同意不仅是指已存在的意见之间的交流,而首先是指使**可交流的意见**(也就是不会相互排斥的意见)得以产生的条件? 这种同意怎样被制造出来呢——既然如我们所看到的那样,政治的"关键"并不在于隔绝的个体,而是在于**群众**,他们最经常的激情就是恐惧,每个人都是群众中的一员,统治者与被统治者都属于其中? 在这个意义上说,群众是最可怕的事物,不仅仅对行使统治的人而言,而且对群众本身而言,都是如此(terrere, nisi paveant[1])。

斯宾诺莎不得不接受这个视角,这不仅是历史环境使然,而且也是他自己的理论的内在困境使然。这让他必须详细地考察**制度**的运作模式。这些制度不仅仅是**法律**(leges),而且还有"国家机器"(imperium),后者由对政策之制定、表述、决策和管控的管理及其制度构成。它们因而也包含着权力分配、公职分配和社会条件的分配,这种分配形式在不同政体(君主制、集权的或分封的贵族制、民主制)当中是不同的。也就是说,制度组织着统治者和被统治者——他们可被视为不同的阶级——的关系。斯宾诺莎并没有放弃个体动机归根到底就是他们自我保持的欲望以及对最有益于他们自身的事物的追求这一思想。被他

---

[1] terrere, nisi paveant,拉丁语,"如果不使他们恐惧,他们就会极其可怕。"语出塔西陀《编年史》。——译注

完全丢掉的是这样一种思想:国家是在各自"独立"的力量—权力的基础上建构起来的。换言之,他清理了有关自然状态的虚构的所有残迹,这种虚构只属于认为仅仅只是相互并存的个体之间就可达成一种社会**契约**的思想。个体**并非**是独立的(sui juris),他们只能逐渐地在或多或少的程度上走向独立。所以,作为政治理论难题的制度的重要性源于一个事实:**政治的真正关键乃是群众**。当个体向他们自己表述自己的利益的时候,也就是说,当他们思考和行动的时候,他们所借助的是各种想象的形式,而这些想象形式从来都是集体的形式(是承担着一个群体的希望与恐惧的叙述)。

所以,"政治体"的制度可以被理解为群众权力(potentia multitudinis)的一个**内部**改造的过程,原先消极被动的力量通过这个过程变成积极主动的力量。这个积极主动性既是一种自我限制,也是一种自我组织。消极被动的群众对自身一无所知,所以它总是不可避免地受制于对自己力量的高估与低估,并在其间摇摆不定。这就使群众不是俯首听命,便是起而造反,不是遵奉天命所钟的"预言家"和"伟人",就是对统治者心怀仇恨。相反,积极主动的群众就是公民的集合,他们通过制度而能达成决定,能确保这些决定的实施并修正它们的结果。这些决定因历史背景、财产权利的属性、一般文化和民族传统的不同而形式各异。

一旦群众全体都成为积极主动的(也就是说,被完美地制度化了的),国家也就获得了斯宾诺莎所说力量—权力的绝对性——内在的稳定性,这种稳定性从人的角度来看接近于"某种永恒性"[1]。显然,这个概念与其说指的是一种静止状态,不如说指向的是一种"努力"(一种趋向)。悖论的是,正是由于这个原因,《政治论》最终是一部未完之作这一事实反而具有了理论上的优势:我们看到的不是一种关于民主的理论,而是一种关于**民主化**的理论,它适用于**所有**政体。应用当中的形态或许各不相同,但有一个根本的机制总是不会变的。斯宾诺莎不断地谈到这个机制,这就是信息的流通。这个机制将会确保政府行为以及政府做出决策的动机达到最大限度的公开性(进而一反"国家机密"[拉丁语 arcana imperii,法语 secret d'Etat] 的传统[2]),也能保证公民通过在公共事务上运用自己的判断力而获得自我教育。秘藏的权力不是被统治者的无力和暴戾的结果,而恰恰是其原因(《政治论》第七章第 27 节)。

结果就是:"绝对的"国家也是其中的统治阶级不断地扩大的

---

[1] species aeternitatis(拉丁语"某种永恒")或 sub aeternitatis specie(拉丁语"某种永恒的形式")这两个著名表述是《伦理学》第五部分命题 22 及以下篇幅中有关"第三类知识"(关于"唯一同一的事物"的知识)的关键。关于永恒的思想在完全不同的语境当中出现在《政治论》第八章第 3 节和第十章第 1 - 2 节,在那里,斯宾诺莎探讨了一个制度在时间上无限存续的稳定性的条件。这个基本问题仍旧还是"个体"力量-权力的问题。

[2] 有关"国家机密"思想及其在前古典权力理论中的功能,请参看米歇尔·塞内拉尔:《马基雅维利主义与国家理性:从 12 世纪到 18 世纪》(Michel Senellart, *Machiavélisme et raison d'Etat. XIIe-XVIIIe siècle*, Paris: Presses Universitaires de France, 1989);《治理术:从中世纪的生活法则到治理的概念》(Les arts de gouverner. Du regimen médiéval au concept de gouvernement, Paris: Seuil, 1995)。

国家。斯宾诺莎在专门论述贵族政体的时候展开了这个假设,甚至宣称统治阶级必须由公民的大多数构成![1] 这个假设有一个必然的推论:制度必须创造条件,以利于意见最大可能的多样化,只有这样,由制度所做的决策才能实际以结合现有的全部意见为基础。所以,斯宾诺莎反对政治—宗教党派,这不是因为这些党派与舆论格格不入,而是因为它们都是化约舆论复杂性的机制,它们的作用就是将舆论都纳入到已有的范畴之中。因而,这些党派只能破坏达成普遍决定的努力,而只有普遍决定才能满足全体人民的利益。群众越是确切地获得自我认识,也就是说,越是确切地认识到群众构成当中的不同独特性,则越少对自己感到害怕。反之亦然。

让我们回过头简要地对以上论证所得出的五个要点做一总结

第一,斯宾诺莎的政治学通过具体的方式确证了他的形而上学使我们所期待的一切。自古以来结构着人类学、道德学和政治学的二元论彻底消失了。这些二元论包括自然与文化(制度、人工设计)的二元论——它负责解释个体或社会是否应该被看作"自然的"这一问题;心灵与身体(精神与物质)的二元论——它是我们以等级方式看待个体与社会的源头;以及最重要的,性善与性恶的道德二元论——它是两派哲学家争论的焦点,一派哲学

---

[1] 洛克的共和国概念认为这种国家建立在大多数人的统治的基础之上,而斯宾诺莎则将民主制视为一种极限概念或目标概念,这种制度是统治阶级向大多数人的转变。将这两种概念做一比较是相当有趣的。

家认为"没人发自本心地为恶"(柏拉图)或"人本性上就与人为善"(卢梭),另一派则是马基雅维利以及霍布斯这样的哲学家,他们将自己有关社会关系的思想建立在人性本恶的假设之上,或者至少是建立在这样一种思想之上:人们被他们自己的利益所左右,以至于必须**好像**互为仇敌地那样去行为。斯宾诺莎取消了这些本质主义的二元选择,而代之以一种分析,深入探讨了欲望以及欲望在积极主动与消极被动的两极之间展开的多样形态。

第二,在斯宾诺莎看来,自然也是历史:一种没有目的的历史,实际上这种历史只能是一个过程,一种变化的运动(也就是说,不存在什么被"担保"的特定变化)。通过对结构起了国家生命的理性与激情之间的"辩证法"在历史上的一切可能配置进行分析,我们开始对人性——进而还有自然一般——有所认识。但政治是检验历史认识的标准。所以,如果我们理性地认识政治,像认识数学一样地理性地去认识政治,那么我们就会认识上帝,因为被充分地构想的上帝就等于自然力量的多样性。

第三,自由不需要被附加于自然,或者不必被应许为另一个即将来临的"王国"。自由当然与限制相对立——限制越大,自由就越少,但是自由与决定论,或更确切地说,与决定并不构成对立。也就是说,自由并不在于人类以无原因的方式去行为。自由既非我们生而即获的权利,亦非无限延宕着的末世论远景。因为**我们的解放进程早就开始了**。自由就是**自然趋势**(conatus)本身,它就是积极主动性压倒消极被动性的运动。这里的推论是,解放必定是去充分地存在的"努力",而认识我们的原因则是这种"努力"的必由之路。实际上,如果想象是政治——社会关系"问题"——的领域,如果群众的希望与恐惧——对我们的"同伴"的爱与恨——固有于集体想象之中，那么国家就是我们获得解放的必要工具。但这必须再加上一个条件，即国家也必须努力使自身获得解放。只有不断致力于推进自身民主化进程的国家才能"组织得不把关乎公共利益的事情完全取决于任何个人的信义"(《政治论》第六章第 3 节)[1]，进而不断地成为兼益众人的组织。

第四，统治者与被统治者之间的差异是由许多原因造成的统治阶级与被统治阶级之间的差异。但归根到底，这种差异的核心要素是国家层面对知识的垄断，国家可以以自己的名义要求服从。这种在根本上具有双向性的(ambivalent)情形能很容易地发生反转，因为每个个体对他们自己之所是的无知，对他们受相互依赖性制约程度的无知必然造成国家的不稳定。神权国家的历史已经表明了知识垄断会以何种方式转变成对无知的垄断(我们可以说，我们如今生活于其中的专家统治的国家的情形也是这样)。另一方面，能成功地让国家发生民主化的那些"生动活泼"的制度，也是使知识得以放开的制度，进而也是知识在实践中被构成为开放的知识的条件。因而，它们并不是知识或智慧的外部条件，而是一种本质条件。就此而论，智慧之士也好，哲人王也好，他们的那种自足性皆为荒谬。

第五，政治交往的难题，经斯宾诺莎讨论之后，使我们能够摆脱政治哲学从古至今所理解的在个人主义与组织主义(或社团主义)之间做二者择一的那种取舍——那种政治哲学传统将这种选择理解为有关**起源**、有关**基础**的问题。然而，在斯宾诺莎看来，这

---

[1] 斯宾诺莎：《政治论》，冯炳坤译，北京：商务印书馆，1999：47。根据此处引文略有调整。——译注

个问题的关键是最先有的究竟是个体(被构想为人类的某种原型或任一具体个人的个体,即"无特质的人")还是亚里士多德及古典学者所说的"社会动物"、奥古斯特·孔德所说的"伟大存在"(对孔德来说,个体知识是一种纯粹的抽象[1])。正如我们已经看到的那样,在斯宾诺莎看来,个体的概念是绝对的中心,但这个概念是有着"几个意义"的。个体既不是上帝按照某种永恒的模型创造出来的,也不是被自然当作某种未经加工的物质而创生的。个体是一种建构。这种建构是个体本身努力(conatus)的结果,而此努力发生于其"生活方式"的决定性条件之下。而"生活方式"无非就是与其他个体之间的既有的**交往制度**(情感的、经济的或思想的交往制度)。这些不同的交往制度形成了集体努力——改造交往模式的努力——循序渐进地发展的一个顺序,在这个顺序中,交往模式从认同关系开始(也就是说,从**团契**模式开始),发展到基于货物**交换**和知识**交换**的关系。政治国家本身在本质上来说就是这样的制度。然而,斯宾诺莎的国家定义尽管仍是严格的现实主义的定义,也显然比现代以来以国家一词所指代的那种法律和治理形式的定义(也就是说资产阶级时代的民族国家定义)**宽泛**得多。因而,斯宾诺莎的国家定义可以帮助我们看到,国家除了现有形式之外还有另一些历史形式。这个定义也为我们澄清了新国家形式可借以创生的那个关键机制:知识的民主化。

---

[1] 孔德在其思想发展的后期提出"人类教"(Religion de l'Humanité),在其《实证主义概论》当中指出,人是一种"类"的存在,这种"伟大存在"(Grand-Être)是超越于个体并为个体生命赋予意义的唯一来源,个体只是一种纯粹的抽象。孔德的这一提法,实际上就是将"上帝"改作"人类"。——译注

《斯宾诺莎与政治》英译本前言

瓦伦·蒙塔格[1]

艾蒂安·巴利巴尔研究斯宾诺莎哲学的出发点是这样一个论点:不能把斯宾诺莎的哲学理解为存在于超历史的——即便不是非历史的——纯粹理论平面之上的东西,相反,斯宾诺莎的主要文本必须被理解为对特定政治与哲学形势的一种干预。因此,在巴利巴尔看来,要想将斯宾诺莎的形而上学与其政治学分离开来,就像后者是前者的应用似的,那是完全不可能的。相反,斯宾诺莎的哲学必须被完全被理解为政治:甚至其哲学最思辨的表达也构成了对某些政治当务之急的回应,都是在试图争夺一些特定的历史赌注。所以,巴利巴尔使用的标题《斯宾诺莎与政治》(而不是"《斯宾诺莎与政治哲学》")从根本上就拒绝将哲学划分为

---

[1] 瓦伦·蒙塔格(Warren Montag,1952—),美国加州洛杉矶西方学院(Occidental College)英语与比较文学教授,以研究20世纪法国理论——尤其是阿尔都塞及其圈子的理论——和斯宾诺莎哲学研究而著称。此序言为他为巴利巴尔的《斯宾诺莎与政治》英文版(*Spinoza and Politics*, ed. Peter Snowdon, London: Verso, 1998)撰写的序言。——译注

思辨哲学和政治哲学,这样一种划分彻头彻尾地表现了心物二元论和普遍与特殊的二元论,而斯宾诺莎是那么猛烈地抨击过这类二元论的:所有哲学都是政治的,也都不可避免地——无论它是多么竭力地否认这一事实——体现为其历史存在的实际形式。对哲学的这种理解方式向读者提出了许多要求(有人会说,太多了):我们不仅必须重构论点的内部顺序,为已有的文本赋予其连贯性及其自足性,我们同时还必须理解文本隶属于历史并依赖于历史的那种方式,这个历史在文本之外,但其力的作用显然不会考虑理性的魅力,而完全可能破坏我们自以为已经在文本中发现的连贯性,正如巴利巴尔在别处指出的那样,全然使已有文本发生扰动或使之成为"不完整的"。[1] 这些思想对熟悉巴利巴尔思想路径的人们而言是不足为奇的,而其对哲学阅读行为的考量再明显不过地给突出了这种思想路径。

当然,我们必须既当作形势的又是永恒的文本(用斯宾诺莎本人的话来说,就是从"永恒性"视角出发)去阅读的,不仅是斯宾诺莎的著作,巴利巴尔的著作也应作如是观。如果我们眼睛紧盯着斯宾诺莎的拉丁语文本(读者将会发现,巴利巴尔的英译者彼得·斯诺登不得不重新翻译对斯宾诺莎的引用,这不是因为已有的译文不精确,而是因为巴利巴尔的论述如此细致地把握到了斯宾诺莎拉丁文原文的微妙之处),紧盯着17世纪荷兰国内权力与政治之间巴洛克式的复杂牵连,那么就很容易忘记巴利巴尔文本对自身形势现实性的把握。这份文本不能被简单地理解成对斯

---

[1] 艾蒂安·巴利巴尔:《无限的矛盾》("The Infinite Contradiction"),载于《耶鲁法国研究》(*Yale French Studies*),第88卷,1995。

宾诺莎的评论，它也是对它所属的历史场域的一种介入。

在这儿，读者容易想起巴利巴尔的早年经历，他先是路易·阿尔都塞的学生，后来又成了阿尔都塞的同事，在这期间巴利巴尔有关马克思和马克思主义的著作颇丰。当合著《阅读〈资本论〉》1965年问世的时候，读者对该著援引斯宾诺莎的做法迷惑不解，这位哲学家所关注的问题看上去与马克思主义所关注的东西即便不是完全相反，也恐怕是相距甚远的。人们普遍疑心在这个时期的文本背后暗藏着对斯宾诺莎充分彻底的一种阐释，甚至是在马克思主义幌子之下给不曾深究的读者们提供了一种堪称成熟的斯宾诺莎主义。佩里·安德森在《西方马克思主义探讨》当中对此说了许多："阿尔都塞及其门徒将斯宾诺莎系统地归入历史唯物主义，是在学术上试图为马克思建立一位哲学先辈、并出其不意地从中为当代马克思主义开拓新理论方向的一次最雄心勃勃的努力。"[1]

安德森承认——虽说只是通过一个脚注——阿尔都塞及其同伴并不是最早将"辩证唯物主义的史前史"——这是奥古斯特·塔尔海默[2]的说法——中的重要地位留给斯宾诺莎的人。循

---

[1] 参看佩里·安德森：《西方马克思主义探讨》(Perry Anderson, *Considerations on Western Marxism*, London: New Left Books, 1976)，高铦等译，北京：人民出版社，1981:83。

[2] 奥古斯特·塔尔海默(August Thalheimer, 1884—1948)，前德国共产党政治局委员，曾是卢森堡－李卜克内西小组成员，一度成为德国党在思想理论上的领袖。1928年在苏联马克思恩格斯研究院工作，成为俄共(布)党员。同年返回德国，因发表反对德国共产党右翼的公开信被开除出党。1933年希特勒上台后流亡法国，1940年法国战败后又逃往古巴，1948年于古巴逝世。——译注

着卢西奥·科莱蒂的观点[1],安德森把对斯宾诺莎的关注追溯至第二国际的理论家们(尤其是俄国马克思主义者普列汉诺夫,据称他曾在恩格斯去世前不久与之讨论过斯宾诺莎),他们很可能从斯宾诺莎那里抽绎出了"无情的决定论",并以此启发了他们自己对马克思思想的改写。[2] 实际上,如斯宾诺莎学者(和阿尔都塞以前的学生)安德烈·托塞尔[3]最近指出的那样,马克思主义通过斯宾诺莎"兜圈子"(这是阿尔都塞的比喻)的历史远比安德森那个注脚所涉及的要丰富、复杂得多[4],而对这段历史的明确解释还尚待书写。19世纪80年代,20世纪20年代、70年代、80年代里,资本主义的每次经济和/或政治危机虽都被判定为"最后的",结果却是资本主义新一轮的稳定与扩张,而随即总会在马克思主义内部引发危机,在马克思主义的这些危机期内,那些杰出的马克思主义者们(从塔尔海默直到奈格里)——他们中的许多人并不适合列入安德森所归类的"西方马克思主义"——又总是返回到

---

[1] 卢西奥·科莱蒂:《从卢梭到列宁:意识形态与社会研究》(Lucio Colletti, *From Rousseau to Lenin: Studies in Ideology and Society*), New York: Monthly Review Press, 1972。

[2] 参看佩里·安德森:《西方马克思主义探讨》,高铦等译,北京:人民出版社,1981:83。

[3] 安德烈·托塞尔(André Tosel, 1941—):巴黎高等师范学校学生,哲学家,巴黎第一大学荣休教授。与艾蒂安·巴利巴尔和切萨雷·卢波里尼(Cesare Luporini)合著《马克思及其政治批判》(*Marx et sa critique de la politique*,1979),为斯宾诺莎研究专家。——译注

[4] 安德烈·托塞尔:《斯宾诺莎的唯物主义》(André Tosel, *Du matérialisme de Spinoza*), Paris: Editions Kimé, 1994。

斯宾诺莎的哲学当中。

17世纪的哲学家中有些人，比如霍布斯和伽森狄，似乎远比斯宾诺莎更"唯物主义"，而马克思主义者们为什么总是要回到斯宾诺莎？费尔巴哈的异化理论实际上要远比至今得到的承认更斯宾诺莎主义，也就是从费尔巴哈开始，出现了这样一种认识，认为斯宾诺莎"上帝或自然"的提法远比许多自命的唯物主义者的著作更彻底地消除了一切超越论的和观念性的形式。斯宾诺莎称上帝是世界的固有原因，他这么做不仅否定了精神与物质之间的所有二元论，而且也否定了统一性与多样性、时间性与永恒性之间的二元论。总之，当恩格斯将唯物主义定义为"按本来面目理解自然，而不添加任何外来的东西"[1]的努力，也就是定义为把自然理解为具体存在无限性的努力的时候，他说话的方式与其说像马克思主义的，不如说像是斯宾诺莎主义的。最近以来对斯宾诺莎的马克思主义阅读开始偏废《神学政治论》和《政治论》而专注于《伦理学》，但斯宾诺莎对自然的理解当中所蕴含的唯物主义实际上也扩展到了他对社会生活的考察之中，而事实上，若非如此，便不可能有斯宾诺莎的这一论断：人类世界并非是"国中之国"，不可能既属于自然的组成部分，又不受自然的决定。从对超

---

[1] 弗里德里希·恩格斯:《路德维希·费尔巴哈和德国古典哲学的终结》(Friedrich Engles, *Ludwig Feuerbach and the End of Classical German Philosophy*), Moscow: Progress Publisher, 1969:67。此引文出自恩格斯《自然辩证法》，引文原文为:"当然，唯物主义自然观只是按照自然界的本来面目质朴地理解自然界，不添加任何外来的东西。"参见《马克思恩格斯文集》第九卷，中共中央马克思恩格斯列宁斯大林著作编译局编译，北京:人民出版社，2009: 458。——译注

越论的这种否定出发,斯宾诺莎具有了这样一种观点,即政治权利只有与在物理的、实际的意义上的力量相挂钩的条件下才有意义。社会因而不可能再被视为以一套既有权利或法律为特征的社会,相反成了冲突的作用力之间的一种关系。更进一步说,权利一旦不再是形式权利,中心性的政治关系就再不可能是作为权利享有者的个体与国家之间的政治关系了;权利一旦与力量—权力相挂钩,单靠自己只能运用相当有限力量—权力的个体便被取代,替代他的是斯宾诺莎在其最后著作中依循塔西陀、萨卢斯特和马基雅维利的传统所标举的大众,或按这里的理解来说即群众。因而,就在这个自由主义的概念基础酝酿形成的时期里,斯宾诺莎已经否定了形式民主的"立宪幻想"(借用列宁的提法),在这种幻想中,"享有"权利而没有权力的个体被"百般阻碍"行使自身的权利。[1]

但是如果说巴利巴尔及其同伴们一度被怀疑在马克思主义的幌子之下推进着斯宾诺莎主义的话,那么如今《斯宾诺莎与政治》恰又受到了相反的猜测:巴利巴尔,由于对斯宾诺莎哲学中"对群众的恐惧"的核心作用(斯宾诺莎哲学表明了这样一种认识,群众及其运动构成了政治分析的基本对象)的强调,无疑会被批评家和赞赏者们理解为在 20 世纪 80 年代"以别的手段推进马克思主义",而这个时代的标志就是它本身对群众的恐惧以及由

---

[1] 列宁:《无产阶级革命和叛徒考茨基》(V. I. Lenin, *The Proletarian Revolution and the Renegade Kautsky*), Peking: Foreign Languages Press, 1970:26。中译参看《列宁选集》第三卷,中共中央马克思恩格斯列宁斯大林著作编译局编译,北京:人民出版社,1995:638。——译注

此而引发的在政治和经济上回归古典自由主义的转向。实际上，1985 年巴利巴尔在独立左派刊物《现代》上发表了一篇题为《斯宾诺莎,反奥威尔：对群众的恐惧》的文章,此文在一个"于群众运动中"只见看"极度的历史之恶的形象"[1]的时代里不合时宜地标举斯宾诺莎政治学的性质。在英语世界之中,对斯宾诺莎政治著作有兴趣的人们往往将斯宾诺莎视为古典自由主义者,因为在其著作中,可以看到方法论上的个人主义与理性选择学说的原则,所以尤其在英语世界里巴利巴尔的论点很容易被理解成这样一种企图,即他在试着借亚当·斯密最重要的先辈之一的口说着列宁主义的话。

这两种解释——马克思幌子之下的斯宾诺莎或相反——即便是不可避免的,如今可以说都是错误的。巴利巴尔与阿尔都塞及皮埃尔·马舍雷等其他人一道在联合行动的那段时期里,的确将斯宾诺莎视为他们马克思阅读计划的优先参照点。我们也不难发现斯宾诺莎的诱惑,在这个群体的理解当中,斯宾诺莎或许是哲学史上最彻底的唯物主义者（就算——如巴利巴尔所说的那样——他的唯物主义极为异端）。此外,为数不多的哲学家承认自己的著作的政治性不仅体现在内容当中,也就是说,体现在其著作所组织起来的论点当中,而且也许甚至更为重要的是,体现在这些论点得以具体表达的形式当中,这种形式将直接决定哲学家的话究竟是在读者那里左耳朵进右耳朵出,还是能让读者认出并抓住改进的机会,而斯宾诺莎就是这些哲学家中

---

[1] 艾蒂安·巴利巴尔：《斯宾诺莎,反奥威尔》（"Spinoza l'anti Orwell"）,载《现代》（*Les Temps Modernes*）,第 41 卷,1985 年夏：37。

的一员。就像斯宾诺莎就《圣经》做出的评论一样,一个文本要判定其神圣还是亵渎、是善还是恶,并不能看它说了什么,甚至不能看它所包含的真理,而应该看它是否具有触动人去相互友爱相互支持的力量。哲学著作因而从来都是对某种具体情境的干预,而判断一个哲学文本则应该看它在这一情境中产生的效果。20世纪60年代这些哲学家们发表的著作,以及他们分散而颇具挑衅性的对斯宾诺莎的参照,都相当集中地反映了这一点。他们就算不是在阿尔都塞的指导之下也是在其鼓励之下对斯宾诺莎进行阅读的,然而另一方面,他们毕竟没有产出任何行之久远的斯宾诺莎专著来,当然也没留下他们对其他哲学家的"阅读"的任何汇编。事实上,撇开那些相反的流言不谈,阿尔都塞本人似乎就很少写有关斯宾诺莎的东西,甚至连有关斯宾诺莎的授课也很少(尽管值得注意的是,今天法国重要的斯宾诺莎研究学者中有那么多人都曾经是阿尔都塞圈子的成员)。阿尔都塞在《自我批评材料》中承认,他、巴利巴尔和马舍雷"曾是斯宾诺莎主义者",这被安德森当作证据以确证他对阿尔都塞的严重怀疑——他认为阿尔都塞更多倚重的是前马克思主义的思想。但是,阿尔都塞做出的这种承认不过是一种回顾性的建构,而法国在20世纪60年代末发生了斯宾诺莎研究的复兴才是这一承认的真正条件。

当然,并不只有他们是法国20世纪60年代"发现"斯宾诺莎的重要哲学家。其他马克思主义者尽管在方向上有别于甚至对立于阿尔都塞,但却孜孜矻矻辛勤劳作,留下的东西将会立于当代斯宾诺莎研究的丰碑之林。亚历山大·马泰隆[1]《斯宾诺莎那里的个体与交往》就证明斯宾诺莎的计划是一个"消除异化"的计划,其终极目标是"心灵的共产主义",这种共产主义被定义为全体人类向着"自我意识的总体"的发展。[2] 就在这同一个时期,马泰隆对斯宾诺莎政治学文本(在他所谓"形而上学"著作的优势掩盖之下长期受到忽视的政治学文本,尤其是《伦理学》)的细读,以及他对大众或群众在斯宾诺莎那里的重要性的强调,必定影响了阿尔都塞周围那些年轻的哲学家们。事实上,应阿尔都塞之邀,马泰隆也是巴黎高等师范学校的常任客座讲师(阿尔都塞多年来一直是高师哲学课程的负责人),马泰隆和其他哲学家对斯宾诺莎高度原创性的解读吸引了阿尔都塞的兴趣,这些哲学家中就有吉尔·德勒兹。德勒兹的《斯宾诺莎与表现难题》(1968)专注于斯宾诺莎那里相对边缘的表现观念,以这种方式教会了整整一代学者如何通过格栅去阅读斯宾诺莎。在《伦理学》几何学顺序的那些裂隙之中,也就是说在《伦理学》每部分的序言中、在命题后附加的附释和附录中,可以找到第二种伦理学,它远不是对第一种伦理学的补充,远不是对第一种伦理学的重要命题精华的概

---

[1] 亚历山大·马泰隆(Alexandre Matheron, 1926—),法国当代著名斯宾诺莎专家和现代哲学史专家,任教于法国里昂第二大学。除了这里提到的专著外,其斯宾诺莎研究代表作还有《17 世纪的人类学与政治:斯宾诺莎研究》(*Anthropologie et politique au XVIIe siècle. Études sur Spinoza*, Paris: Éditions J. Vrin, coll. Reprises, 1985)和《斯宾诺莎研究与古典时代的哲学》(*Études sur Spinoza et les philosophies à l'âge classique*, Lyon, ENS Éditions, 2011)。——译注

[2] 亚历山大·马泰隆:《斯宾诺莎论个体与社群》(*Individu et communauté chez Spinoza*), Paris: Minuit, 1969:612。

括。此外,这一时期最重要的著作或许当推马尔夏尔·吉罗尔[1]的《斯宾诺莎(论神:〈伦理学〉第一部分)》(*Spinoza [Dieu: Ethique I]*,1968),这部对《伦理学》第一部分的评注之作长达近八百页。吉罗尔的方法与同时代其他人的"阅读"(比如,对马克思和弗洛伊德的"阅读")相同,细致留心斯宾诺莎文本的词句,试图揭示出斯宾诺莎(在《伦理学》第一部分当中)所言说的总体性,他以穷尽性的方式进行这项工作,以至于在相当程度上来说可能让未来全部评注都成为多余。这种阅读程序绝不是干巴巴地(和夹缠冗长地)复述斯宾诺莎的文本,相反,得出了一些非常令人吃惊的结论。吉罗尔证明,对斯宾诺莎有关实体及其构成性属性与模式思想的那些最习常的解释,与斯宾诺莎哲学实际所说的东西并不相符。在最根本的意义上讲,此前似乎没有人真正逐字逐句地阅读过斯宾诺莎。

也正是当这三部著作重构斯宾诺莎研究的时候,它们的共同关注点在于说明斯宾诺莎主要著作在建筑术上的统一性。然而悖论的是,这些著作对斯宾诺莎文本字句的细致爬梳,却为一系列全新的阅读打开了道路。这些阅读在重要性上并不亚于前一种阅读,但出发点却是明确承认斯宾诺莎文本之中始终存在着一些不可否认的不一致、抵牾和矛盾之处,而这些却是被前面提到

---

[1] 马尔夏尔·吉罗尔(Martial Gueroult, 1891—1976),法国哲学家和哲学史家,主要研究领域为 17、18 世纪哲学和哲学史,除了斯宾诺莎研究之外,他对笛卡尔、马勒伯朗士等法国哲学家也有深入研究,其著作在当代法国被视为哲学史研究的典范,梅洛-庞蒂、福柯、德勒兹、巴迪乌都受其深刻的影响。——译注

的那些哲学家们忽视或敷衍过去的。这类阅读的第一部作品即皮埃尔·马舍雷发表于1979年的《黑格尔或斯宾诺莎》(*Hegel ou Spinoza*)。马舍雷认为,黑格尔在《哲学史》和《逻辑学》当中给出的对斯宾诺莎的阅读是较之于前人最严格最缜密的斯宾诺莎阐释之一,也是以坚实的方式建立在以文本为据的基础之上的一种阐释。黑格尔对斯宾诺莎的批判集中于《伦理学》里两个关键概念的缺席之上。第一个缺席的概念是作为主观性的实体:斯宾诺莎没有认识到,实体的 Bildung(**形成**)努力地通过将自身外化为他者而成为其自身。其次,实体只有通过第二个缺席概念的作用才能成为主体,这个概念即"否定性劳动",唯独此概念才可能使实体得以通过对其自身否定的否定成为其自身。但马舍雷认为,黑格尔断言自己看到的这两个缺席实际上是黑格尔自己的盲点(或许甚至也是斯宾诺莎的盲点):斯宾诺莎早就谈过对黑格尔恰当地将它们当作自己辩证法必要组成部分的这两个要点的批判,只是这种批判有待于斯宾诺莎的读者们对之做出充分的详述。

这是否意味着,斯宾诺莎对作为主体的实体和否定性劳动的先期否定使作为辩证法的历史的所有思想都归于无效呢?对这个问题,马舍雷给出的明确答案显然是否定的:

> 正是斯宾诺莎拒绝了黑格尔式的辩证法。但是不是说在这么做的时候他拒绝了所有辩证法呢?难道不能说他在黑格尔式辩证法当中否定的恰恰是非辩证法的东西,是被马克思称作黑格尔辩证法中的唯心主义的东西吗?必须打消这样一种观念,这种观念认为,每一种辩证法都自在地是观念的或反应性的,而绝对无涉于

任何哲学旨趣:但在思想的物质史看来,"每一种辩证法"这个提法是毫无意义的。[1]

从对黑格尔和斯宾诺莎的对质当中,浮现出了这样一种辩证法的可能性,这是无关于否定之否定的,进而无关于对矛盾的克服,无关于任何目的性的辩证法,这是一种肯定性的辩证法。

两年后,安东尼奥·奈格里《野性的反常》(*L'anomalia selvaggia*)的出版,则延续了这种对话。该著于次年便被译为法文,并冠以德勒兹、马舍雷和马泰隆撰写的序言。这部"非凡的马克思主义分析"——马泰隆如此称[2]——标志着走出斯宾诺莎哲学著作的文本分析而进入对其历史与物质环境加以考量的初步尝试。奈格里认为,斯宾诺莎主义的反常与荷兰在世界经济中的反常角色相关,尤其是与荷兰作为一个社会有意识地委身于资本主义市场乌托邦式诱惑所表现出的那种早熟性有关。奈格里指出,早年的斯宾诺莎表现出过在新柏拉图主义与初露端倪的某种唯物主义之间的摇摆,而那种新柏拉图主义是市场意识形态在哲学上的表达。斯宾诺莎的新柏拉图主义强调统一性对多样性、一对多、同一对差异的优先性。此外,统一性、一和同一都是克服多样性与差异的某种中介的结果。这种唯心主义甚至在《伦理学》——构

---

[1] 皮埃尔·马舍雷:《黑格尔或斯宾诺莎》(Pierre Macherey, *Hegel ou Spinoza*), Paris: Maspero, 1979:259。

[2] 安东尼奥·奈格里:《野性的反常:斯宾诺莎那里的力量与权力》(Antonio Negri, *L'anomalie sauvage: Puissance et pouvoir chez Spinoza*), Paris: Presses Universitaires de France, 1982:19。

成了奈格里所说的斯宾诺莎的第一哲学基础的著作——前两个部分当中仍然顽强地存在着。而《神学政治论》则表现出了在社会契约这一法律意识形态和对大众力量—权力（同时也是权利）的承认之间的某种摇摆。这些哲学上的摇摆最终在成熟期斯宾诺莎的唯物主义(《伦理学》第三部分到第五部分，以及未完成的《政治论》)当中找到了解决办法。这是关于无中介且非超验的表层与特殊的唯物主义、是关于大众构成性力量—权力的一种政治理论。

只有在这个背景下，我们才能看到巴利巴尔《斯宾诺莎与政治》的力量与原创性。相比于已有的著作，巴利巴尔此书的明显特征在于，在大得多的程度上拒绝将文本内部世界与被认作外部的历史割裂开来，好像文本构成的整体能形成一个"国中之国"似的。相反，他勾勒出了文本与历史之间的连续性，将前者视为后者的延续。将自然/历史（就自然来说，它绝不是无限重复的永恒，它全部都是历史的，正如历史——也就是说，人类历史——是应被思考为无主体或目的的过程的自然的组成部分一样）同观念世界相分离，甚至即便只是在自然/历史与观念世界之间建立起对应关系，恰恰只能重弹二元论的老调，而这正是斯宾诺莎花了如此之多的篇幅予以批判的。较之于先前的评注者，巴利巴尔必须更细致地指明 17 世纪后半叶的荷兰共和国的内部冲突与矛盾，因为正是这些矛盾构成并启发了斯宾诺莎的哲学计划，它们的作用甚至深入到了其哲学计划最"形而上学"的部分。

巴利巴尔描述了明显分化为两个阵营的一个社会，这两个阵营一方面是城市和航海资产阶级，他们于尼德兰商业扩张的"黄金时代"积累起了难以计数的财富，并且在政治上的共和主义信条和某种宽容形式的加尔文主义之下集结起来，能够容忍宗教多元主义和科学的进步;另一个阵营的基本构成是乡村土地所有者,团结在奥伦治家族周围,这个家族是自命的尼德兰王室,受到大多数渴望终结共和统治并复辟君主—神权制度的加尔文主义者的支持。斯宾诺莎本人确乎反对"奥伦治主义者"而支持前一个阵营集团(并且是几个最杰出的共和主义家族中许多成员的朋友和导师),但尽管如此,无论他的哲学计划,还是事实上的荷兰社会本身,都不可能被化简为民主制与绝对主义之间、迷信与启蒙之间截然而简单的对立。如果我们跟着巴利巴尔一道来读斯宾诺莎生前发表的第一部也是唯一一部关于神学与政治观点的阐述——《神学政治论》——的话,我们就会将《神学政治论》看成是斯宾诺莎对自己所推定的同路人的一种批判和警告。

当然,该著的大部分内容(20 章中的 15 章)都在致力于消除迷信的权威,以使共和国的教士敌人无法借用宗教力量去煽动民众反对执政者。斯宾诺莎系统地杜绝了上帝的意志(他将上帝的意志定义为自然规律的作用)可以通过普遍自然现象得到解释或可以通过对圣经的"深层"阐释得到说明的一切可能性。宣称受到神启或自称看到或了解自然(及其命运)或《圣经》的真实意义的那些人,只是意图或试图说服别把他们的想象当作现实。但正如巴利巴尔指出的那样,斯宾诺莎对乞灵于超自然的一切可能性的这种抨击却具有一种非同寻常的特征:它是以宗教之名进行的,而宗教无非是想象的王国,想象迫使所有人在自然现象(在斯宾诺莎看来,社会也包括于其中)当中寻找隐秘的意义和终极的目的,因而在某种程度上说,想象也是不可避免的。反对宗教最有力和有效的论证因而必须以宗教的术语来表述,系统地将神学语言转译为理性的语言,或至少是努力地使这种转译成为可能。

斯宾诺莎的这种论证所表达的许多观点——尽管绝不是全部观点——也都是共和主义支持者中的许多人所支持的。

但《神学政治论》中涉及政治的章节的情况则完全不同。当斯宾诺莎宣称权利与力量—权力相互依存而大鱼凭着天赋权利吃小鱼的时候,几乎无疑的是,他谈论的并不是个体主体或公民,而是荷兰共和国的"正当的"统治者。因为他们显然相信他们的合法性、他们的"正当性"为他们对抗敌人提供了某种担保或保护,甚至是在他们的敌人已经动员起了大多数人口起而反对他们,已经使执政者不再可能行使他们的某些权利的时候。这样一来,权利等于力量—权力这一斯宾诺莎公理,不仅仅是用来警告荷兰的共和主义统治者,让他们明白他们的统治权利随着其敌人实际力量—权力的与日俱增而与日俱减,而且也是对他们的提醒,让他们意识到对他们的制度唯一有效的保护,与其说是日益无效地诉诸合法性,不如说是去进行反动员。然而,这样一种警告也恰恰揭示了荷兰民主制度的非民主性质。共和主义者们实际上构成了一个寡头集团,他们掌握的财富让他们——至少是暂时地——掌握了统治权,但同时也使得他们远离了人民的支持,尤其是当他们捍卫自己巨大的海外商业利益不使英法染指的行动必然要引发一系列招致乡绅与城市大众反对的战争的时候。斯宾诺莎在《神学政治论》第十七章的开始曾提醒读者说,所有国家无一例外地惧怕自己的人民甚于任何外敌。斯宾诺莎被夹在共和主义的党派和君主制复辟运动及宗教原教旨主义的党派之间,共和主义党派一方虽然主张进步,但其民主特征不是真实的而是形式上的,其政策的指导因素是富有得惊人的少数者的需要,而君主制和宗教原教旨主义的党派却有着民众的积极支持——正如巴利巴尔表明的那样，斯宾诺莎在这种情况下表达了"自由党仍待创立"的观点。

《神学政治论》发表两年之后，1672年，共和国在群众运动的冲击之下垮台，而这场群众运动的力量和狂怒足令当时的观察者们震惊。《政治论》或许可以说是斯宾诺莎对荷兰共和主义垮台的回应和分析，但一直没有完成。没有发表它的迫切需要：它不像《神学政治论》那样是一部按照大规模公众文献阅读消费而设计的著作。《政治论》当中很少或根本没有提及宗教；它是严格意义上的一部关于政治的论著。正如巴利巴尔指出的那样，并非偶然的是，这部著作以论民主的章节片段为收束，再想一想斯宾诺莎试图超越作为形式制度的民主的概念，而尽力将之理解为服从于消长起伏的群众运动的一种现实，而群众运动的愿望与行动又是不可能事先判定的，那么这就更非偶然了。正是在《政治论》当中，斯宾诺莎推导出了《神学政治论》里有关力量—权力的假定的逻辑结果。如果说权利等于力量—权力的话，那么个体就不可能是分析的单位：单独的个体是没有一点权力可言的。相反，斯宾诺莎政治分析的中心是大众，正是大众的支持、默许或反对决定着（个体或集体的）主权的权利。与刘易斯·福伊尔[1]这类把斯宾

---

[1] 刘易斯·福伊尔（Lewis Feuer, 1912—2002），美国社会学家，早年信仰马克思主义，后转变为新保守主义者。其著作除了蒙塔格在这里涉及的《斯宾诺莎与新自由主义的兴起》（*Spinoza And The Rise Of Liberalism*, 1951）之外，还有《精神分析与伦理学》（*Psychoanalysis and Ethics*, 1955）、《代际冲突：学生运动的特性与意义》（*The Conflict of Generations: the character and significance of student movements*, 1969）、《马克思与知识分子》（*Marx and the Intellectuals*, 1969）、《意识形态与意识形态专家们》（*Ideology and the Ideologists*, 1975）等。——译注

诺莎看作单纯的群众畏惧者的读者不同,巴利巴尔认为,如果说一场群众运动推翻了共和国的话,那么对群众及其力量—权力的畏惧同样也防止了君主—神权政治制度在后共和国时期的荷兰得到巩固。群众是不会允许强暴的或非理性的统治者统治太长时间的,所以群众必须被构想成——至少是在可能性上被构想成——理性的集体承担者,与某个单个个体或一小撮个体的毁灭性激情相对抗。那么理性在人类生活中以及人类社会中起何种作用呢?既然几乎没人能完全遵从理性的指导,也没有人能永远时刻依循理性,我们又如何增强理性的力量—权力呢?这些都是斯宾诺莎在《伦理学》中详述的一些问题。

要开始检视斯宾诺莎对这些难题的处理方式,我们必须首先搞清楚究竟是什么使斯宾诺莎远离了几乎所有他的那些同时代人——从笛卡尔到霍布斯和洛克的这些同时代人都将孤独的个体视为知识与社会的起点。在斯宾诺莎看来,原先孤独的个体只有通过契约的法律中介才能从中摆脱出来的那种先于社会的自然状态是根本不存在的。如果说个体性,或更确切地说,特殊性——这个术语可以防止我们将个体,实际上是所有个体,理解为某个唯一模型(自私的、利他的或堕落的模型)的副本——是社会存在的一种结果的话,那么单子式个体则是最纯粹的虚构。正如我们想要使我们的身体生存下来就需要我们身外的许多重要事物(氧气、水、营养)一样,我们的独特性格(我们的 ingenium[性情])亦复为流通于集体之中的理性与情感之流所塑造。无论是理性,还是情感(或感情)在任何严格的意义上都不能说是产自于个体的。相反,斯宾诺莎描述了"感情模仿作用"的过程、自愿的认同过程(这种过程虽说是心理现象,但却不能和我们与他人之间必要的身体互动相分离)及其内向投射、外向投射、投射性认同等工作机制:爱与恨、恐惧与希望、快乐与痛苦之间无起源或无目的地循环作用。

在所有这一切当中,理性处于何种位置呢? 正如巴利巴尔指出的那样,斯宾诺莎认为理性绝非超越于情感,仿佛情感要想更加有效就得收到理性的控制似的。相反,斯宾诺莎用消极被动的情感和积极主动的情感之间的对立置换了理性与感情或情感之间的传统对立。积极主动的情感增强了身体的行动的力量的同时,也增强了心灵的思想的力量,也即,用斯宾诺莎的话来说,增强了我们作用他人身体并为他人的身体所作用的能力。相反,消极被动的情感或感情则削弱我们的思考力和行动力。在某种意义上说,理性因而内在于积极主动的情感当中,内在于权力意志当中,这种权力意志绝不会挑动我们个体之间相互反对,就仿佛权力是要去夺取的占有物似的,相反,它使我们团结起来增强我们的力量:"所以除了人外,没有别的东西对于人更为有益。"[1]那么,社会的某种身体—情感组织将——即便不是确定的,也至少是在可能性上来说——会促进理性的共同体(也就是说,促进积极主动的情感对消极被动的情感的有导向性的支配)吗? 是可能的。存在某种担保可以使这类社会组织必定出现,或如果它出现的话,此担保必然可使它一定能持续存在下去吗? 根本没有。

仔细地阅读斯宾诺莎,或者说,进入他的哲学世界,就意味着在一片所有熟悉的参照点都告消失的令人迷惑的风景中去自己

---

[1] 斯宾诺莎:《伦理学》,贺麟译,北京:商务印书馆,1997:184。——译注

做出发现。不过,愿意沿着巴利巴尔的道路走下去的读者们,将在这片风景中发现我们自己的当代性,这种当代性的形式已经经过了如此程度的陌生化,以至于我们能够对超越这一当代性做出自己的想象。

主要概念索引

(索引页码为原著页码)

absolu, absolutism 绝对,绝对主义 24,30,35,41,46,57,61, 66 -77,81,84,87,98,112.

action(s), actes 行动 10,19 -20,23,36 -38,40,55 -56,85, 107,111,115.

actvivité et passivité 积极主动与消极被动 45 -46,87,98 - 99,108,113.

affect 感情 93 -105,108,111,113 -114

ambition 野心 50,59,61,72,82,104,115.

ambivalence 矛盾情感,爱恨交织,双向性 50,60,103,105, 109 -110.

ame 心灵或灵魂 40,52,79,86,94,102,106 -108,113.

amour et haine 爱与恨 17,23,36,52,59,61,94,98,101 -105, 109 -111.

antagonisme 对抗,冲突 19,26,28 -29,38,40,50 -52,59,84, 95,101,112.

bien commun 共同的善 46,87,94,98,104 -105.

bien et mal 善与恶,善恶 19,23,45,93,95-96,104,109.

cause(**explication par les**) 原因(通过原因作出解释) 13,34,48,58,98.

cause immanente 内部原因 24,43,48,60,79-82,84,107,115,117.

cause(**s**) **extérieure**(**s**)(**causaexterna**) 外部原因 82,100-102.

certitude et incertitude 确定性与不确定性 12-13,15,88,101,110-111.

citoyen, citoyenneté 公民,公民权 36,45-46,60,71,83,96,111.

cœur(**animas**) 内心,心灵 48,53-54,62,103.

commandement(**imperium, mandatant**) 命令(统治,诫命) 18-19,31,41,43,47,52-55,55,57,61,109-110.

communes(**notions**) 共同(共同观念) 41,52,113,117.

communication 交往(交谈,交流) 52,113,114-118.

connaissance, inelligence(**cognitio, intellectus/intelligere**) 知识(理智,认识) 10,17,24,51,93,98,104-105,110,113.

conservation(**durée, persévérancedans lêtre**) 维持(持久,保持存在) 41,47,51,70,77-82,96,100,112,115-117.

contradiction 矛盾 21,34,39-40,46,55,58-59,71,84.

corps politique(**imperii corpus, civitas**) 政治体(国家) 68-69,78-86,115.

corps 身体 40,79,106-108,111.

crainte et espoir 恐惧与希望 9,41,43,47,51,59,61,95-96,

101,108.

décision（decretum）, décider 决定,决策 21,36,41-42,55,86-90,109.

democratie 民主,民主政体,10,30-31,42-48,60,69,86,90,111,118.

dépendance et indépendance 依赖性与独立性 74-75,77-78,90,112.

desir（cupiditas, appetitus） 欲望,愿望 24,45,50-51,93-104,108,110.

dieu 上帝,神,天主 17,20-25,41,48,52,57,60-61,72-73,79,98,109.

droit（jus） 权利 36,41,46,55,57,60,66,72-78,96.

droit naturel（jus naturae/naturale） 自然权利(天赋之权/自然权利) 29,43-44,48,62,63,68-69,73,95.

effort（conatus） 54,100-103,104,115.

egalité 平等 22,34,45,61,76,87-88,90.

eglise(s) 教会 9,15,19,25,26-31,40-41,53.

ennemi et etranger（hostis） 敌人和外敌(敌对) 35,52,57,59,83,88.

etat（respublica, imperium, civitas） 国家 18,23,28-29,37,39-42,43,45,55-56,58,61,67,95,111,114.

etat de nature（status naturalis/Naturae） 自然状态 45-46,48,52,57,75-76,79,96,114.

fiction 虚构 22,24-25,47,52,60-67,110.

fin, finalité 目的,目的性 21,24,36,59,61,63-64,78,81.

fluctuation 波动,摇摆不定 42,51,86,90,102-104.

foi(**fides**),**fidèles** 信仰 15-17,20,53-54,111.

histoire 历史 19,48-54,56,64,70,75,81,84,106.

homme(s),**humanité** 人,人类 19,24,51-52,60,74,98-100,108.

ignorant(s),**ignorance** 无知者,无知 17,43,52,99,101,107,117.

imagination 想象,想象力 18,20,24-25,39,53,60,99,103-105,108-112.

impuissance(**impotentia**) 无力 24-25,33,47,51,73,107,113.

individu,**individualité**(**individuum**,**unusquisque**) 个体,个人,个体性,个别性 39,41-43,48,55,60,68,72-75,78-80,87,89,98,100,105,107,113.

institution(s),(**institutum**) 制度 38,47,50-51,57-58,60,67,74,76,81,83-85,92,115.

joie et tristesse 快乐与痛苦(苦恼) 20,59,94,101-105,115,117.

juste et injuste,**justice** 公正(正义)与不公正(不正义、不义),公义 31,50,56-57,74,96.

liberté(**par opp. à nécessité**),**libre arbitre** 自由(与"必然"相对的),自由意志 11,18-25,109.

liberté(**par opp. à contrainte**),**libération** 自由(与"限制"相对的),解放 10,11-13,37-38,41,43,55,61,66,73,106,112,118.

limite(s), limitation 局限,限制 24,43,58,84.

loi（lex, parfois jura） 法,律法,法则（拉丁语"法",有时作"法权"） 18,27-24,29,36-37,40,46,52-54,57-58,95-96,109,115.

loyauté（fides） 忠诚,忠信（信义） 47,67,95,111.

monarchie, monarchique 君主制,君主政体的 25,27,65,69,87-88,90.

moralité（pietas, honestas） 道德（拉丁语 pietas, honestas） 16,52,62,95,98.

multitude, masse, foule, vulgarie（multitudo, plebs, vulgus） 群众,大众,众人 10,27,30-31,34,46,49,57,58,61-62,65,69,72,83-86,87-90,103-104,109,112,114-116.

nation, national 民族,民族的 18,26-27,32,49,51-54,57,59,71.

nature humaine 人类本性,人类天性,人性 19,21,23,25,45,67-68,91-93,98-100.

nature 自然,自然性质 15,23,44,48,56,79-80,84,91-92,105,107,113.

naturel de chacun, complexion（ingenium） 每个人的主要动机,性情 39-41,49,52,62,81,94-96,102,115.

nécessité 必然性 21-22,52,96,98-100,110.

obséissance（obedientia, obtemperantia） 服从 10,17,20,22,29,36-37,42,45,47,50,54,57,61,96,106-113.

opinion(s), jugement（opinio, judicium, consilium） 意见,判断 35,37-39,59-61,88,104.

pacte, consentement, contrat 契约,订约,协约 37,41,43,45-46,57,61,68-69,76-77,95,111.

paix, concorde 和平,和睦(和谐) 28-29,36,62,64-65,67,78,81,93,95.

parole(s) (dictum) 言论 10,36-37,42.

parti(s) 党派 11-13,20,26-34,51,65,89,118.

passion(s) (passio, affectus) 激情 10,50-51,67,72,81,84,92-93,100-105,107,112,115.

pensée (cogitatio) 思想,思考(思) 17,31,39-40,42,79,88,107,117-118.

peuple, populaire 人民 46,50,53,59-60,83.

philosophie 哲学 10,12-17,24,30,33,62,67,106,117-118.

piété, pieux et impie 虔敬,虔敬与不敬 38,53,55-57,95.

pouvoir (potestas, imperium) 权力,权柄,权威,统治权 21,25,29,39,41-42,47,57-58,82,89,107,114,116.

pratique (praxis) 实践 5,22,49,60,65,67,86,108,115-118.

privé et public 私人与公共 29,34,37-38,52,56,68,78.

prochain 邻人 17,20,31,52,55-56,61,103,111.

puissance (potentia) 力量 21,23-24,42,45,47,51,69,72-78,99,107,116.

raison (ratio) 理性 15,36,42,45,67-68,77,86,89,93-110,112,115.

religion intérieure et extérieure 外在宗教与内在宗教 28,41,56.

religion 宗教 9−10,13−18,20,28,39,55−57,62,94,98,110.

représentation 表述,代表 20,24,68−69,86−89.

révélation 启示 15,17,52−54,56.

révolution(s) 革命 43,47−48,51,65,118.

salut 拯救,得救(神),福祉,安全(国家和公共的) 17−20,22−25,54,59,67,78,84,87,116.

sécurité 安全 33,55,64,67,78,81,112.

séditions, guerre civile 叛乱,内战 9,36−37,39,47,51,57,81,83.

servitude 奴役 33,45−46,85,106.

similitude, semblable (quod simile) 类同性,同伴 103−104,109,113,115.

singularité, singulieres (choses, essences) 独特性,独特(事物、本质) 21,40,49,53,58,70−71,73,75,79,102,105,115,117.

société, cité, etat civil (societas, civitas, status civilis) 社会,邦国,国家组织 29,31,45−46,48,81,92−105,117.

souverain bien (summum bonum) 最高的善 94,98.

souverain et sujet (summa potestas/subditus) 主权(最高权力)与臣服 35−42,45,47−48,55,68,86−87,89,106.

superstition 迷信 9,17−18,22,51,59,61,111,116−117.

théologie, théologique 神学,神学的 13−25,28,30,59,99,104.

unanimité 一致性,一致同意 71,86,89−90.

universel, universalité 普遍,普世 21,45,52−54,62,74,111.

utile, utilité, intérêt(s) 益处,功利性,利益 22,42-43,46-47,56,67,76-77,88,93,96-98,101,105,110-112.

vérité, vrai 真理,真,真的 12,15,22,52,98.

vertu(s) et vice(s) 德性与恶 22,53-54,67,84-85,94-99.

vie (genre de vie, règle de vie, vie vraie) 生活(生活方式,生活法则,真正[纯正]的生活) 22,25,33-34,50-51,54,75,95,108,111,117.

violence 暴力,横暴 39,43-44,46,48,65,83,112.

volonté 意志,意愿,自愿 22,25,68-69,86,106,109.

斯宾诺莎:政治中的哲学(代译后记)

"如果我们能把他能利用的所有哲学文献切碎成纸片,抛入空中,再让这些纸片飘落地上,那么从这些纷乱的纸片中,我们就能重构出他的《伦理学》。"[1]哈里·奥斯汀·沃尔夫森这么评价"书卷气的"(bookish)哲学家斯宾诺莎的"哲学"。在思想界,对斯宾诺莎的"重构"实际上从未中断过。并且引人注目的是,政治的维度从未从对这位"理性"哲学家的"重构"当中退出过。

在自由主义阐释框架之中,论者们从《神学政治论》和《政治论》出发,从"神权"与"世俗权力"的分离、从国家制度作为个体自由保障的论点出发,对斯宾诺莎的"全部"哲学进行阐释,将这位哲学家"重构"为"启蒙"的先驱者之一。就这一阐释逻辑而言,"个体"要免于宗教"阴谋家"利用迷信的欺骗,免于各种威权的恐吓,则应结成主权民族—国家以保卫"个体"利益,而这种主权形式的最合理的代表则是确立了公民"权利"的"商业共和国"。[2]

---

[1] 哈里·奥斯汀·沃尔夫森:《斯宾诺莎的哲学》(Harry Austyn Wolfson, *The Philosophy of Spinoza*),第一卷,Cambridge Massachusetts:Harvard University Press, 1934:3.
[2] 斯蒂文·B. 史密斯:《斯宾诺莎,自由主义和犹太身份问题》,(Steven B. Smith, *Spinoza, Liberalism, and the Question of Jewish Identity*), New Haven and London: Yale University Press, 1997:163.

在权威主义的阐释框架之中，论者们从《伦理学》及其"第一哲学"出发指出，虽然"个体"的自我保存的"努力"的确与主权、国家制度形式之间可以完全毫无矛盾地建立起"衔接"，而这一衔接的基础就是"利益"和"个体"权利本身，但问题的复杂性在于，大多数个体由于生活在"激情"和"想象"的支配之下，所以实际上并不能认识自己的真正利益——"对政治现象的认识和基于正确认识之上的政治行为往往是两码事"[1]。就这一阐释逻辑而言，受"想象"支配的"个人自由"应该限定在"私人领域"，而国家的制度（"绝对主义的"，或"民主的"制度）确保的则是公共的个体"法权"自由。在国家能够实际完成这一任务的范围内，其最合理的民主形式是"精英代表制"的民主政体，而在能够理论地判定"最高"公共利益的范围内，归根到底，应该回归"哲学家"的统治。[2]

撇开这两种阐释框架当中形成的各种解释系统的差异不谈，"平等"个体"力量"之间、利益取向之间的矛盾，个体利益及个体自身对利益认识之间的矛盾，由此而带来的"平等"与"自由"之间的矛盾、"群体"与"普遍"之间的矛盾，"社会"与"国家"之间的矛盾，都是第一种框架当中"难题"的表述（在学术史语境当中，这些难题也被称作"现代性政治哲学的道德困境"），而这些"难题"最终都会在第二种框架当中得到"理论"上的"解决"。第二种框架本身蕴含着将斯宾诺莎政治哲学"霍布斯化"和将其"马基雅维利化"的两种解决办法。因此，并非偶然的是，关注"哲学"文本的

---

[1] 克罗波西和施特劳斯编：《政治哲学史》，李洪润等译，北京：法律出版社，2009：461。

[2] 参看前引书，斯坦利·罗森撰写的"斯宾诺莎"一章第1,2节。

"独特写作技巧",认为这类文本的真理藏在"字里行间"[1]的施特劳斯同时在这两个方向上"解读"斯宾诺莎。一方面,他将斯宾诺莎解读为霍布斯的"发展者",二者都属于"伊壁鸠鲁传统",而斯宾诺莎对霍布斯的发展或"偏离"在于以更激进的姿态将"自然状态"和"公民状态"理解为"自然"整体必然性的两个阶段,而不是两个本质截然差别的"状态"。[2] 因而,第二个方面,施特劳斯认为,斯宾诺莎之所以能实现对霍布斯的这种"偏离",是由于在理论上求助于马基雅维利的思想资源。霍布斯在处理从"自然状态"到"公民状态"的过渡时,先验地设定了人的"理性"使"总体契约"成为可能,这实际上是一种"神话"。两个"状态"之间的那个"惊险的一跃"并不来自全体个体的"理性的正确运用",而是来自"幸运",或者说来自"能力"对"幸运"的"掌控"。正是在这一点上,斯宾诺莎"以马基雅维利为师"[3],在"自然哲学"的原理之上论证了"公民状态""共和国"的基础是力量的对抗和"强力"的决断。[4]

既然这样,那么斯宾诺莎"政治哲学"的原创性在什么地方

---

[1] 列奥·施特劳斯:《迫害与写作的艺术》,刘锋译,北京:华夏出版社,2012:19。
[2] 见列奥·施特劳斯:《自然权利与历史》,彭刚译,北京:三联书店,2003:172,278。《自然权利与历史》在很大程度上是将斯宾诺莎当作霍布斯和卢梭的"注脚"提及的。
[3] 参看克罗波西和施特劳斯编:《政治哲学史》,李洪润等译,北京:法律出版社,2009:457。
[4] 在列奥·施特劳斯的《关于马基雅维利的思考》当中,斯宾诺莎也是作为马基雅维利的"注脚"出现的,特别参看第四章"马基雅维利的学说"。参看《关于马基雅维利的思考》,申彤译,南京:译林出版社,2009。

呢？在他那里若没有这种"原创性"，为什么如此之多的评注者在评注"早期现代性"的政治哲学时，会不断地参照斯宾诺莎呢？这种"症状"式的"征象"更明显地表现在阿尔都塞自 1955 年至 1972 年在巴黎高师开设的"政治哲学史"课程当中。在这个课程已整理发表的讲稿[1]中，我们可以看到，阿尔都塞谈马基雅维利、谈霍布斯、谈卢梭的字里行间不时地就会添加上一行小字："cf. aussi Spinoza（也可参考斯宾诺莎）"。同样，这种"征象"也表现在阿尔都塞的《马基雅维利和我们》、晚年自传《来日方长》和手稿《相遇的唯物主义潜流》的"字里行间"。

"压抑"恰恰是对某种强烈的"能量"的移置性释放，而本原性的"缺席"也往往是一种无所不在的"在场"。对于一些评注者来说，释放的限度是权威主义的"民主"有效性，而对今天另一些评注者来说，这种力量的全部释放的结果即"重启集体解放、限制及其超越、身体及其永恒性和在场以及无限可能性的当下历史"。[2]

* * *

阿尔都塞的学生、长期的密切合作者艾蒂安·巴利巴尔通过

---

[1] 路易·阿尔都塞：《政治与历史：从马基雅维利到马克思（1955—1972 年在高等师范学校的讲义）》（Louis Althusser, *Politique et Histoire, de Machiavel à Marx, Cours à l'École normale supérieure*, 1955—1972），Paris：Édition de Seuil, 2006.

[2] 安东尼奥·奈格里：《颠覆性的斯宾诺莎：种种（非）当代变体》（Antonio Negri, *Subversive Spinoza*：(*un*) *Contemporary Variations*），Manchester and New York：Manchester University Press, 2004：91.

《斯宾诺莎与政治》[1]，将阿尔都塞的"斯宾诺莎框架"系统地呈现了出来，为读者清晰地把握"后阿尔都塞谱系"之中奈格里"彻底释放斯宾诺莎的能量"的理论实践提供了参照，同时也解答了那个问题：斯宾诺莎政治哲学的"原创性"何在。

在巴利巴尔这里，斯宾诺莎的政治哲学原创性就存在于，在哲学意义上界定了"现实"，进而在政治哲学上，真正地厘清了"现实政治"的问题。在 17 世纪的哲学系谱当中，没有人像斯宾诺莎那样，在"事实(fait)"的意义上如此一贯地坚持"实体、自然或神"的严格统一性，没有人像斯宾诺莎那样总体地将自然与历史视为同一个过程，视为遵循着"唯一法则"的同一实体的不同属性模态。这个法则就是作为实体分殊的个别物之间的"力量"原则。"自然"与"历史"的传统区分消失了——用巴利巴尔的阿尔都塞式样表述来说，"在斯宾诺莎看来，自然也是历史：一种没有目的的历史，实际上这种历史只能是一个过程，一种变化的运动(也就是说，不存在什么被"担保"的特定变化)"(本书第 198 页)。随着这一区分的消失，"必然"与"自由"的传统区分也告消失。此前的(神学的、道德的和法律的)思辨理论"共享着同一种虚构，此即存在着与自然世界相对立的一个道德或精神世界的虚构。一旦这一虚构消失，人类自由与世界秩序之间的关系问题就不再作

---

[1] 必须指出的是，巴利巴尔这部著作的"论证设计"与阿尔都塞 1962 年的"马基雅维利课"、1971—1972 年的"霍布斯课"的演绎思路有高度的相关性。他们论述的核心归根到底都落在"人类学难题(Le problème de l'anthropologie)"之上。见路易·阿尔都塞：《政治与历史：从马基雅维利到马克思(1955—1972 年在高等师范学校的讲义)》，235，369。

为一个未解之谜而出现"(本书第22页)。万物(人及其社会、国家也在万物之内)保持自身的"努力"表现着力量原则这一必然性,万物在必然的力量原则之下成功地实现联合或分解以满足保持自身的目的就是"自由","自由就是**自然趋势**(conatus)本身"(本书第198页)。

"第一哲学"上的这种严格"总体性"和"统一性",使斯宾诺莎从同时代人的"哲学场地"中摆脱了出来。正如他曾向莱布尼茨指出过的那样:"一般哲学是从被创造物开始,笛卡尔是从心灵开始,我则从神开始"[1],也即从无主体的力量及其结构开始。此一"开端"是他哲学行动的原则,严格地贯穿于《神学政治论》之中("自然力量自身即是神的力量,如果我们不理解自然的原因,那就不理解神"),严格地贯穿于《政治论》之中("既然已知自然万物借以存在或活动的力量实际上就是神的力量,由此我们不难理解,自然权利究竟是什么")。由于这种严格性,斯宾诺莎看到"马基雅维利的目标还不是很清楚"(本书第86页)。后者的"君主论"论证了一味追求"支配权"的君主所可能采用的巩固与维持其国家的手段,从而使得"君主支配权"、国家的"权力"与群众的"权利"三个基本元素相对立,将这三种元素置于"危机"之中,进而也使"马基雅维利主义政治哲学"在"教导君主掌握支配权"与"教导人民认识自身实际权利"二者之间摇摆。同样也是由于这种严格性,斯宾诺莎看到(借助巴利巴尔的阐释,我们也看到),霍

---

[1] L. Stein, *Leibniz und Spinoza*, Berlin, 1980, S. 283. 见洪汉鼎:《斯宾诺莎》,载钟宇人、余丽嫦编,《西方著名哲学家评传》第四卷,济南:山东人民出版社,1984:341-342。

布斯虽然在《论公民》和《利维坦》中以具有无限自然权利的个体间力量的关系为起点,或用霍布斯自己的话说,他本人明白整个世界"只有一样事物是真实的",那就是"运动","任何希望认识物理的人都必须首先致力于研究这一现象"[1],但是,他却在关键之处没能坚持"运动"的彻底性。霍布斯确乎勾勒了一个"运动"过程:个体在"一切人反对一切人"状态中为了达成自保而让渡各自的自然"力量",以"契约"方式形成"主权权力"(绝对国家),再由此主权权力建构为一切人提供安全担保的"公民权利"。可必须注意到的是,"霍布斯确立了(或者说重新确立了)力量与权利之间的对等,但这种对等仅止限于主权者,而将所有私人公民排除在外,留给他们的只是一些有条件的自由领域"(本书第88-89页)。也就是说,霍布斯所勾勒出的这种"运动",发生了一种奇怪的"质变",从个体力量到国家力量的变化,使本质上作为自然力量的"权利"断裂为为两个部分,一种是能进入法权的"权利",一种是法权无法"计算"的、被法权排除出去的"力量"[2],这个断裂的背后有一个不可割裂也不再运动的,但也是"人为性的(非自然的)"基础——即"法—权"(本书第86-88页)。

马基雅维利那里君主和国家的权力与群众权利之间的危险结构,使君主不得不借助"审慎"和"德性(力量)"去征服"命运",

---

[1] Hobbes, *Tomae Hobbes malmesburiensis vita carmine ex pressa*, in *Opera philosophica*, ed. Molesworth, London, vol. 1, 参看昆廷·斯金纳:《霍布斯与共和主义》,管可秾译,上海:三联书店,2011:13-14。

[2] 参看列奥·施特劳斯:《自然权利与历史》,彭刚译,北京:三联书店,2003:198-200。

因而马基雅维利的政治哲学最终在"现实"问题的解决方案中也还保留着"幸运"的维度。霍布斯那里绝对主权者权力与产生了这种权力的个人自然权利的对立,使其"利维坦"成为围绕"死亡威胁"精密计算出来的一台"机械装置"[1],毋宁说,霍布斯的政治哲学在"现实"问题的解决方案中又秘密地将"数学模型"与柏拉图"理念论"传统结合了起来[2]。与斯宾诺莎的学说相比较,可以说,马基雅维利的学说和霍布斯的学说也都还不是真正意义上的"现实主义"的政治哲学。

在巴利巴尔的解读看来,斯宾诺莎的"现实主义"政治哲学直截了当地在"术语"上,将产生种种"虚构"和"神话"的"权利"(droit)和"权力"(pouvoir)这两个政治哲学"概念"都统一在"力量"(puissance)之下,仅将前两者视作后者在具体关系中的表现形态。在《斯宾诺莎与政治》的核心部分"权利与力量"一节,巴利巴尔对"每个个体有最高之权为其所能为;换言之,个体权利达于他的规定的力量的最大限度"(《神学政治论》)这个命题的理论意涵进行了充分的说明,并在后面的相关部分释放出了这些意涵的"理论能量"。

如果说"每个人的权利都是他自己力量的表达"(本书第97页),"权利=力量"这个等式的重点在于,事物(个体)力量间关系服从于自然实体整体的一般力量规律。自然界中的个别事物

---

[1] 参看卡尔·施米特:《霍布斯国家学说中的利维坦》,应星,朱雁冰译,上海:华东师范大学出版社,2008:86-88。
[2] 克罗波西和施特劳斯编:《政治哲学史》,李洪润等译,北京:法律出版社,2009:393,394。

既具有"独立性"又具有"依赖性"(本书第97页),它们各自的力量关系特征恰恰在于:个别事物保持自己"独立性"的目的必须通过对其他个别事物的"依赖性"来实现。这样一来,霍布斯所假定的个别事物自然力量的"对抗"(antagonisme)和"否定性"(négatif)性质("自然状态")就被另外一组"对子"所取代。这组"对子"即力的关系的"消极性"(passivité)和"积极性"(actvivité)所取代。事物(个人)与他物(他人)在"积极"同时也是"主动"的力量"依赖性"关系中愈能实现自身的"力量",反之,在"依赖性"方面与他物(他人)的力量关系越是"消极"、越是"被动",那么则愈处于"无力"(impuissance)的境地。更为深刻的是,霍布斯那里通过"整体契约"消除自然力量"对抗性"之后才产生的"实际权利"所暗含的一个"反比例"关系也消失了。这个反比例关系就是,个体的自然力量愈大,其实际"权利"愈小。在斯宾诺莎的"权利=力量"的表述框架内,巴利巴尔让我们看到了一种权利与力量同质性所带来的正比例关系:个体间"力量的积极关系愈大",每个个体"实际权利则愈大",个体间"力量的积极关系愈小",每个个体"实际权利则愈小"。

个体的力量(权利)必然连结在一起,以彼此"求同存异,借此求得和平与安全,反过来和平和安全又为人们提供了最大可能限度的真实独立性"(本书第100页)。这一力量连结的结果就是国家(pouvoir, imperium),因而,国家应被"构想为由众多个体组成的一个个体"("政治体")(本书第101页)。主权国家在与其他主权国家的依存关系中,它所能具有的权利-权力也来自它得自于其民众个体力量结合而赋予它的力量的大小。在这个意义上,斯宾诺莎又提出了"权力(pouvoir)=力量(puissance)"的等式,在《神学政治论》中,这个等式被表述为"主权者的权利不会超出他所获得的实际服从的能力"(本书第99页)。一个主权国家的力量—权力是"积极"的方式还是以"消极"的方式得到构成,决定着该主权国家是否能达到维持自身持存的目的。斯宾诺莎《政治论》的任务就是考察主权国家以何种方式才能达到"积极"的力量配置。这也是巴利巴尔在《斯宾诺莎与政治》的第三章当中着力阐释的内容。

* * *

在巴利巴尔所揭示的这一理路当中,我们看到,马基雅维利政治哲学(尤其是《君主论》)的"合法性困境"和霍布斯政治哲学的"逻辑困难",在斯宾诺莎这里都消失了。对马基雅维利而言,君主的革新创制坚固、统一的国家凭借的是审慎、命运和自己的"德性",但"新君主"的权力与他获得统治权的国家—社会的关系问题在"权利""权力""力量"分离的理论框架下构成了产生"难题"的根源。[1] 而只要霍布斯还在"权利即法"[2]这个等式中思考,主权者权力的"理性绝对性"进而还有"利维坦"的绝对性反

---

[1] 因此,《君主论》的第三章到第五章试图解决这个问题,然而效果并不令人满意。可参看 J. G. A. 波考克:《马基雅维利的时刻》(冯克利,傅乾译,南京:译林出版社,2013)第六章"梅迪奇复辟(二):君主论"。

[2] 在这一点上,霍布斯是格老秀斯的继承者。见列奥·施特劳斯:《霍布斯的政治哲学》,申彤译,南京:译林出版社,2001:191-192。

倒必须要靠《圣经》"神话"来保证。[1] 这两类难题及其引发的各种传统"问题"对斯宾诺莎来说都不复存在。究竟是"民主政体""混合的共和政体""贵族政体"还是"绝对君主政体"更利于保障主权者的权力的这类传统问题也不再有意义。

在巴利巴尔的解读框架中,斯宾诺莎《政治论》从"力量"这一本源性基础出发,重新定义了传统政治学当中的重要概念,进而形成了一种远超出其时代的"国家理论"。

首先得到重新定义的政治学概念是"绝对主义"。"在霍布斯那里,法学绝对主义与一种君主论立场不可分割地建立在一起;只有主权者的人身独一无二性才能保障主权意志的统一,进而才能保障政治体免受派性的分割。"(本书第89页)与霍布斯以绝对君主制的制度形式来定义"绝对主义"不同,斯宾诺莎是在实质上定义国家的"绝对主义"状态的。国家既然是由"全体公民"构成的一个"个体",国与国的关系也类似于"自然状态下"个体与个体之间的关系。这种关系仍然是一种"力量"关系,"个体"通过其他个体获得自身"个体性"和"依赖性"并同时也受到"对抗性""冲突性"威胁的一种关系。个体只有保持其"不可分性"(indivisibilité),才是一个可以在与其他对等个体的关系中获得

---

[1] 霍布斯在《法律、自然与政治的原理》中说:"鉴于正确的理性并不存在,某一个人的理性,或某几个人的理性,就必须取代那个正确的理性;而那个人或那些人,就是掌握着最高的君主权力的人。"在《利维坦》中则表述为:"然而,尽管(最高的君主权力的持有者的理性)只是一个人的理性,但是它却被用来取代普遍性理性的地位,这是我们的耶稣在《新约》福音中为我们阐述的。"转引自列奥·施特劳斯:《霍布斯的政治哲学》,申彤译,南京:译林出版社,2001:192。

"独立性"/"依赖性"的"个体"（individu）。《伦理学》指出"个体即是被假定为能够保持着按照定义构成其形式的一切东西"[1]，据此可证，"永远存在"的个体，永远能保持自身区别于其他对等个体的个体，也即永远保持自身"不可分性"的个体，才是一个"绝对的"个体——"绝对本性而出的东西必定永远存在"[2]。在这一意义上来说，一个国家作为政治体个体，是否能以"绝对"来衡量，不是一种政体形式的问题，而关键在于能否"摆脱"[3]分解它的力量而保持自身的"不可分性"。"绝对主义"的国家就是有力量实现持存自身"不可分性"的努力的国家，换言之，国家"强度"的"绝对与否"，"是由它在维持自身制度形式过程中的持存能力所定义的"（本书第 56 页）。

巴利巴尔在对《政治论》进行阅读的过程中发现，在斯宾诺莎本应该正面来谈何为国家"力量"的时候，却选择了从何谓国家的"无力"的这个角度来论述。有意思的是，国家的"无力"状态的表现却是国家的"暴力"（violence）。一种暴力是"君主有借口支配超出其实际力量的力量"（本书第 105 页），一种暴力是官吏权贵阶层占有了与它的实际力量不相符的力量，即"变为一个世袭阶层"，另一种暴力是"统治者试图给人民强加一种有悖于"其"自然"，"有悖于其历史传统的政体形式"（本书第 105 页）。从本质上来说，这三种"暴力"实际上分别是"绝对主义君主政体"

---

[1] 斯宾诺莎：《伦理学》，贺麟译，北京：商务印书馆，1997：60。
[2] 前引书，24。
[3] "abslu（绝对的）"和"absolutes（绝对物）"在词源学上都与拉丁语"*solutus* ab（从……摆脱出来）"相关。

"贵族政体"和未来可能的任何政体运行超出其能支配的"实际力量"的无力表现。这种基于"政体"运作无力的"暴力",也使国家的构成性力量转变为"暴力"——"最终会激起摧毁国家的群众的愤怒"(本书第106页),引起国家的"分解",使其不复与其他国家个体在力量(权利)上对等。这样一来,斯宾诺莎以"迂回"的方式证明了,"绝对主义"应该是人民权利、行政权力和国家权威三种要素的积极配置形态的"效果"。

巴利巴尔的分析进而得出一个结论,在斯宾诺莎这里,就对这种力量的配置方式的历史考察而言,"'君主政体'还是'贵族政体'抑或还是'民主政体'之类的法学划分"只是"形式和抽象"(本书第111页),他关注的是真正能使政治体接近"绝对"的根本所在,即实际意义上的"民主实践"。实际上斯宾诺莎在考察历史中存在的两类政体形式的运作时发现了一个至关重要的问题,即无论是"君主政体"还是"贵族政体",为了保持其自身的存续,都不得不考虑一个"政治力学原则":"主权在物理性上越少地被等同于社会中某一部分(最为极端的情况是只等同于某个个人),越是与全体人民相一致,它就越加稳定和强大。"(本书第92页)也就是说,所有形式的国家状态都必须引入"民主"的实践。

就君主政体而言,君主在统治并决定时,表面看起来虽是君主本人在完成这种活动,但实际上他的力量与他的这类活动的目的是完全不相称的。在"一"与"其余全体"的力量对比关系中有两种可能的模式。一种是消极模式:君主不得不依赖于大臣的咨询、军事贵族的保护、官僚体制的服务,同时他也以奖赏和惩罚来"暗算其臣民"(政治论第五章第7节等处)(本书第111页)使之保持力量的竞争性分裂,但这样做实际上也削弱了自身作为主权者与实际主权之间的统一性,进而也削弱了国家本身的力量。另一种是积极模式,君主最大可能地创造群众间的"平等",君主只是群众的人格象征,"放手让大多数人发表意见",通过平等的"代表"组成的审议机构汇集"意见"并在君主与审议机构平分裁断权的制度下形成"决定"。在斯宾诺莎看来(《政治论》第六章第18-19节),这种"一"与"其余全体"的力量关系,实际上是"零"与"全体"的关系[1],可能转变为主权者与主权的积极的同一性。

就贵族政体而言,"民主"实践更具有难题性。在巴利巴尔的分析中,斯宾诺莎通过《政治论》第八章勾勒了贵族政体的这一难题的内在矛盾和解决办法。与"君主政体"中主权者与主权基础之间的消极或积极的同一性不同,贵族政体只能建立在主权者与主权基础之间的绝对差异关系之上。只有固化了的"利益不平等占有"的"权利—法律"结构才能保证由"少数人"构成的"贵族阶层"的存在。既然这样,那么如何使此政体满足"主权在物理性上越少地被等同于社会中某一部分,越是与全体人民相一致,它就越加稳定和强大"的这个原则呢? 如何使这样的国家能在人民权利、行政权力和国家权威之间形成统一呢? 斯宾诺莎在《政治论》第八章、第十章中指出,"贵族制度"中的民主实现途径一方面是

---

[1] 巴利巴尔在《斯宾诺莎与政治》核心部分第三章第 3 节中指出:"君主是唯一没有自己'意见'、没有**内在性**的个体,在他自己内心,其所想无非即群众之所想,但是若没有君主,群众则无法明晰而确定地思考,因而也就无法保全自己。"对君主而言,"放手让大多数人发表意见就是一种有效的行动(la sanction d'une opinion majoritaire est une action effective)"。见本书第111 页。

"利益"差异多样性链条的不断扩大,使更多的人"自由"进入"贵族阶层",另一方面是在"贵族阶层"牢牢控制"领导权"的前提下将"行政权"向"平民开放",以形成统一的国家认同(本书第112－114页)。巴利巴尔指出,斯宾诺莎所认可的这种"贵族政体"的民主实践,实际上先于孟德斯鸠在理论上指向了现代资产阶级"三权分立"的政治框架。

这样一来,斯宾诺莎因而也重新定义了"民主"。民主作为实践难题,直接涉及"国家权力在群众运动本身之中的人民基础"(本书第91页)。在对人民主权进行"整体代表前提下的平等分配"(君主制)或"不平等分割前提下的自由共享"(贵族制)这两种形态中,民主实践的唯一目的只有一个,那就是使国家有效地达到其"力量"的"绝对强度"。

* * *

如果只以这种方式来解读斯宾诺莎的政治哲学,可以说其目标也不过是阐明一个更合乎"力量"原则的"利维坦"。但问题远不是这么简单。在巴利巴尔的分析性解读中,在《斯宾诺莎与政治》的章节安排中,还有一个更重要的"理论框架"。如果对沃尔夫森来说将斯宾诺莎手头的哲学文献撕碎"任意"排列就得到了《伦理学》的话,那么对巴利巴尔来说,只有将《神学政治论》和《政治论》的文本撕碎再纳入到《伦理学》的概念系统之中,才能呈现斯宾诺莎政治哲学"原创性"的全部意义。

斯宾诺莎《伦理学》那里众所周知的繁难的"存在论"基础即"身心平行论"。"实体、自然或神"有两种存在样式,一为广延的样式即身体（corps），一为思想的样式即心灵（mens）。实体的一元性决定了身体与心灵都遵循着同一种而不是两种[1]必然性法则，自然的历史与社会的历史也遵循着同一种而不是两种法则。自然分殊的万物（和人类）及其"真观念"都遵循着"努力"保持自身属性连结完整性的力量原则。一旦将这个维度引入对其政治哲学的观照，前述斯宾诺莎的政治哲学及其"国家理论"中"权利—权力—力量"这一基础就呈现出了知识学上的统一性和新颖性。

在"身心平行论"的理论结构内，"国家"也存在于广延和思想两个样式层面。广延样式的国家是一定数量的个人的物质力量组合所形成的更强大的整体，消除了个人遭到毁灭他的更大的力量的危险；而同时，心灵样式的国家，是同样那些个人为了摆脱希望和恐惧等消极情感而达成的共同观念。由于"人这个统一体乃是自我保持这个唯一一种欲望的统一体，这种欲望通过身体的行动与激情表现自身，同时也通过心灵的行动与激情表现自身（也就是说，通过运动的顺序和观念的顺序表现自身）"（本书第176页），所以，个体越是在心灵力量方面控制消极的激情（想象）而获得行动的理性，他就越是有效、积极地辨认自身在他人那里以及他人在自身这里的真实的"利益"（utilité），进而更主动地与他人结成物质力量的联合。所以，国家越是在广延方面接近于整全实体，则越是在思想样式方面接近于善的共同观念。这也解释了斯宾诺莎的文本中存在的有关"国家"的两种明显"矛盾"的表

---

[1] 笛卡尔的"身心二元论"就主张身心遵循各自的法则。笛卡尔主张有两种实体，一种是有广延的实体即物质，另一种是思想的实体即心灵。心灵没有广延，却有自由意志。广延不能思想，它的运动只能是机械的。

述。《神学政治论》说"国家(respublica)的目的是自由"[1],《政治论》则指出"国家组织的目的无非即和平与安全"[2]。从"身心平行论"的理论架构来看,这两个表述并不矛盾,因为它们谈论的是国家的两个层面。一个涉及国家的物质(身体)层面,它无非是维持和平,保证个体和集体的持存。另一个则涉及国家的心灵层面,在这个层面众多个体实现观念上的交往,"认同"(既有"辨认"也有"误认")自身在与同伴公民关系之中的力量属性,达成并"认同"善的共同观念,以实现自身心灵与他人心灵的积极联合。因而,在斯宾诺莎那里,国家的身与心的两个层面使国家具有双重目的。

我们也必须注意,在斯宾诺莎文本涉及"国家"时使用"词汇"的差异。当谈论国家维持个体力量平衡的物质性的时候,"国家"被表述为"imperium",当谈论国家基于共同观念的社会(société)自我理解的时候,或者用我们今天的话来说,当谈论国家的意识形态性的时候,"国家"则被表述为"respublica"。[3] 国家的物质层面的目的是"构成性"的,其心灵层面的目的则是"调节性"的。巴利巴尔就此指出,作为观念、心灵交往领域的国家所追求的"自由"(liberté),在斯宾诺莎那里,只能理解为一个不断"解放"(libération)的过程,这一解放的构成性因素植根于国家的身

---

[1] 斯宾诺莎:《神学政治论》,温锡增译,北京:商务印书馆,1996:272。
[2] 斯宾诺莎:《政治论》,冯炳昆译,北京:商务印书馆,1999:41-42。
[3] "国家的概念中既包含 imperium,也包含着 respublica",见本书第55页。拉丁语 imperium 在这里可以译为"统治",而另一拉丁语 respublica 或 res publica,原意为"公民组织"或"公民共同的事业"。

心相协调的"历史过程"当中。而这个"历史过程"也是一种"斗争"的过程。巴利巴尔在《斯宾诺莎与政治》中暗示地指出,在斯宾诺莎那里,国家的最高形态是物质(身体)的集体交往领域与观念的集体交往领域"理性"地相互"映射"的形态。换言之,在国家的最高形态当中,两种"目的",即安全目的与自由目的的"矛盾"将消失,国家组织(société civile)将成为社会(société)本身。

通过巴利巴尔的解读,我们最后要着重指出斯宾诺莎身心平行论在其国家理论中所产生的两方面重要意义。

一方面,国家—社会的"身体"是众多个体物质活动力量的结果,国家—社会的"心灵"也是众多个体观念交往力量的结果,而国家—社会本身就是"身体"与"心灵"的交往中介,是两种集体交往之间的交往性结构的"象征"。国家－社会不仅是一台在物理力量意义上将众多的个人"合众为一"的"机器",而且同时是一台在由观念、意见、思想的层面聚合起有关"信义"(loyauté)、"公正"(juste)和"虔诚"(pietatem)等"共同观念"的"意识形态"的"机器"。摩西建造的空的、居住着"神"的神殿,"代表人民"行使惩戒、奖赏,行使决断的"君主"所具有的象征性"身体",招募平民参与、向他们开放大门的"政府"——所有这些"象征"作为集体"符号",作为某种最高力量结构的"表征",将"孤独的群众"[1]传唤为"人民",使他们作为集体的人参与到集体实践当

---

[1] 巴利巴尔分析《政治论》时指出,斯宾诺莎在文本中认为没有"精神力量"的"众人"是处在群体孤独之中的众人,而以这样的众人为基础的这样的"国家"也没有"精神德性",实际上也不是有力量的"国家":"群众是孤独的同义词(Multitude est alors synonyme de solitude)。"见本书第145页。

中,进而通过社会"仪式"强加并加强集体纪律性,将人的身体"带回到同一些基本姿态当中,通过现场感使之加强为习惯。在心灵中与这种身体活动的顺从相应的是一连串观念对一些行动和思维模式的顺从"(本书第138页),最终制造集体的认同或同意。

另一方面,国家—社会作为"交往性"结构,其本身是集体身心"力量"综合的产物,个体只能通过它才能意识并把握自身的身心力量属性,这里的个体指的是该结构中的一切个体,包括统治者与被统治者。这种"结构"完全不同于古典时代的那种将"心灵"功能(决定)划归某个"阶层"而将"身体"活动(执行)指定给另外"阶层"的理论"结构"。因此,巴利巴尔在《斯宾诺莎与政治》第三章中特别指出,"民主"不简单地只是一种"政体",而是人类史上一切政体形式的国家中都存在的实践,本质上就是"主导权"在"群众"[1]中的分配—交往实践。这种实践是不以任何个体(无论其是否统治者)的个别意志为转移的,而是在集体身心"力量"的历史结构性运动中形成的。具体就斯宾诺莎所考察的"神权政体""君主政体"和"贵族政体"(以及他准备着手论述的"作为政体的民主")的历史演进来说,这些国家—社会制度的"交往性"结构在扩大并统一了个体的身体活动的同时,也扩大并统一了个体的心灵活动,构成了一个使"可交往性"结构本身得到扩大的"交换机制",历史地呈现出个体

---

[1] 巴利巴尔所说的"群众",这里指处于社会身心交往结构中的所有人,他明确指出,相对于历史形成的在人群中分配权力的国家制度结构,"统治者与被统治者、主权者与公民,都是群众的一部分"。见本书第109页。

的物质交往领域力量总和与观念交往领域力量总和(对消极的激情的控制力)之间的互惠性影响发展。这样一来,我们就无法再将斯宾诺莎视为一个"理性启蒙"的鼓吹者。如果在他那里有"启蒙观"的话,那种"启蒙"也是一种基于集体交往的历史理性的展开过程,是群众(一切人)在国家—社会交往结构之中的"自我启蒙"。这样一来,我们也将看到,在"国家理论"方面,斯宾诺莎的"身心平行"统一性在"存在论"基础上完全勾销了马基雅维利和霍布斯的"心灵统治身体"的古典话语基础。而只要"心灵"还在"垂直"意义上是"身体"的统治者,就摆脱不了"君主创立制度""人民维持制度"的马基雅维利主义[1]和"完美的建筑师可以保持权力—权利结构免于毁灭"[2]的霍布斯主义。

《斯宾诺莎与政治》从相当新颖的方面为我们给出了有关"斯宾诺莎政治哲学的原创性何在"这一问题的一种答案。在这份答案中,我们可以在彻底的"力量"关系理论方面将斯宾诺莎看作马

---

[1] 马基雅维利在《君主论》中专门谈论君主"创制"制度,在《论李维》中则全面地暗示了"维持活动"最好由"人民来进行,而一种新的方式和制度的创立最好由君主们来实现"。参看克罗波西和施特劳斯编:《政治哲学史》,李洪润等译,北京:法律出版社,2009:291。

[2] "霍布斯指出,人为的一切都不可能永恒,但借助才华横溢的建筑师,国家可以稳固地建立从而避免因为内乱而灭之。"见前引书,410。

克思的直接前辈[1]，可以在复杂的国家"装置"理论方面将斯宾诺莎视为阿尔都塞的直接前辈。斯宾诺莎在巴利巴尔的解读之下展现了他的独到"发现"。当然，这种"发现"未必是斯宾诺莎本人意识到了的。就像巴利巴尔本人作为其作者之一的《阅读〈资本论〉》援引恩格斯的表述"普利斯特利和舍勒析出了氧气，但不知道他们所析出的是什么"时所要说明的那样，旧的认识论场地会使发现者无法辨认出他所发现的真理的意义，这种真理或真理的要素只有在一整套认识结构转型之后才能实现其全部意义。我们要说的是，斯宾诺莎所发现的"力量"的真理只有在马克思恩格斯的"生产力"的历史理论结构之中才能完全释放它的理论力量，斯宾诺莎所发现的国家—社会"身心"双层装置的性质，只有在马克思对"交往"所做出的历史科学表述体系之中，才能完全释放它的理论力量。

* * *

翻译本书的过程，对译者来说是一次不断返回斯宾诺莎的文本、巴利巴尔（以及阿尔都塞）的文本的阅读过程。从接受翻译任

---

[1] 马克思本人在青年时期就承认他所属的一个政治理论谱系："是马基雅维利、康帕内拉，后是霍布斯、斯宾诺莎、许霍·格老秀斯，直至卢梭、费希特、黑格尔则已经开始用人的眼光来观察国家了，他们从理性和经验出发，而不是从神学出发来阐明国家的自然规律。"见《〈科隆日报〉第179号的社论》，载《马克思恩格斯全集》第一卷，北京：人民出版社，1995：226。正如巴利巴尔的分析所表明的，在以"力量"为最终参照考量权力的政治学的唯物主义方面，斯宾诺莎相比马基雅维利和霍布斯，更是马克思的直接前辈。

务到翻译初步完成,时日迁延甚久。在此我要感谢西北大学出版社以及丛书两位主编徐晔先生与陈越先生,尤其是责任编辑任洁女士的耐心。还要感谢江西师范大学的吴志峰先生,他在巴黎高等师范学校进修期间校读了我的初译稿,并与艾蒂安·巴利巴尔先生取得联系,交换了有关译文的意见。由于译者学识、能力所限造成的译文舛错,望读者方家指正。

译　者

初稿 2013 年 11 月于北京外国语大学

二稿于 2014 年 1 月 15 日于陕西师范大学

著作权合同登记号:陕版出图字 25-2011-229

图书在版编目(CIP)数据

斯宾诺莎与政治/(法)巴利巴尔著;赵文译. —西安:西北大学出版社,2015.1
(精神译丛/徐晔,陈越主编)
ISBN 978-7-5604-3568-8

Ⅰ.①斯… Ⅱ.①巴… ②赵… Ⅲ.①斯宾诺莎,B.(1632~1677)—政治哲学—研究 Ⅳ.①B563.1 ②D0

中国版本图书馆 CIP 数据核字(2015)第 013028 号

斯宾诺莎与政治

[法]艾蒂安·巴利巴尔　著
赵文　译

出版发行:	西北大学出版社
地　　址:	西安市太白北路 229 号
邮　　编:	710069
电　　话:	029 - 88302590
经　　销:	全国新华书店
印　　装:	陕西博文印务有限责任公司
开　　本:	889 毫米×1194 毫米　1/32
印　　张:	8.25
字　　数:	170 千
版　　次:	2015 年 1 月第 1 版　2018 年 11 月第 2 次印刷
书　　号:	ISBN 978-7-5604-3568-8
定　　价:	42.00 元

本版图书如有印装质量问题,请拨打电话 029 - 88302966 予以调换。

SPINOZA ET LA POLITIQUE

by Étienne Balibar

Copyright © Presses Universitaires de France. 4th edition, 2011.

Chinese simplified translation copyright © 2015

by Northwest University Press Co. , Ltd.

ALL RIGHTS RESERVED

精神译丛

第一辑

*从莱布尼茨出发的逻辑学的形而上学始基	海德格尔
*德国观念论与当前哲学的困境	海德格尔
*正常与病态	康吉莱姆
孟德斯鸠：政治与历史	阿尔都塞
论再生产	阿尔都塞
*斯宾诺莎与政治	巴利巴尔
*词语的肉身：书写的政治	朗西埃
*歧义：政治与哲学	朗西埃
*例外状态	阿甘本
来临中的共同体	阿甘本

第二辑

*海德格尔——贫困时代的思想家	洛维特
*政治与历史：从马基雅维利到马克思	阿尔都塞
论哲学	阿尔都塞
*赠予死亡	德里达
恶的透明性：关于诸多极端现象的随笔	鲍德里亚
*权利的时代	博比奥
民主的未来	博比奥
帝国与民族：1985—2005年重要作品	查特吉
*政治社会的世系：后殖民民主研究	查特吉
*民族与美学	柄谷行人

Re 精神译丛

第三辑

*哲学史：从托马斯·阿奎那到康德	海德格尔
试论布莱希特	本雅明
否的哲学	巴什拉
论拉辛	巴尔特
马基雅维利的孤独	阿尔都塞
写给非哲学家的哲学入门	阿尔都塞
康德的批判哲学	德勒兹
无知的教师	朗西埃
野蛮的反常：巴鲁赫·斯宾诺莎那里的权力与力量	奈格里
狄俄尼索斯的劳动：对国家形式的批判	哈特 奈格里

（加*者为已出品种）